罗绕典像

破如雷如雨兵勇幸未損傷臣等指揮弁兵於

城上用槍礮擊斃數十人該匪拋土肩石蟻聚

峰上意欲建築礮臺臣鮑起豹督飭將備一面

嚴防一面用大礮連向轟擊傷斃數十人閧然

四散經臣等先遣劉勇千餘人預伏山下攔頭

截勦久覽百餘人劉勇亦有傷七該匪仍踞鰲

山廟及馬姓高屋於牆隙開槍礮疊次傷我兵

勇城上擊之不中乃一面陽與接仗一面密挑

膽壯兵勇十餘人潛往分投放火登時鰲山廟

馬姓高屋火光燭天該匪不能存身亦即紛逃

兵勇又復截殺該匪拚命死拒大股繼至寡不

敵眾而金盆嶺之沅州協副將朱瀚先於二十

八日因石馬鋪陝西營盤失守前往接應復有

賊逸黃土嶺回撲該副將營盤經兵勇斃賊十

餘名並手執黃旗賊目一名二十九日賊復攻

圍營盤亦經兵勇斃賊十餘名沅州兵丁生捦

賊匪劉啟貴等四名當即斬訖惟該匪四面攻

撲鉛藥火繩鍋帳一切全行拋失兵勇四散未

采迻催和春帶兵來省以資救應臣等惟有設

法固守力保危城斷不任稍有疎失除飭查陝

西西安鎮福誠並潼關協副將尹培立等如何

下落並連日開伏情形外所有省城危急亟望

救援各緣由理合會同

欽差大臣大學士賽尚阿湖廣督臣程矞采恭摺具

奏伏祈

皇上聖鑒謹

奏

覽奏實為焦急之至即有

咸豐二年八月　初三　日

罗绕典等《奏报粤匪攻逼湖南省城情形事》奏折

湖南提督貴良奎起跪
轄統暫楊爾璋湖南巡撫恩聯兼
署閩湖南巡撫臣駱秉章跪

奏為粤匪攻逼湖南省城情形危急並查探城外
防勦陝西九谿等營官兵多有傷亡現在城兵
單弱亟望應援恭摺由驛奏祈
聖鑒事竊臣等昨因賊匪猝至省城城中僅存四川
江西官兵二千餘名賊勢猖獗不敷防守當即
飛調駐紮金盆嶺之沅州協副將朱瀚管帶九
谿等營官兵又咨防陝西安鎮福誠潼關協
副將尹培立等分帶陝西官兵設法圍勦並咨
賽尚阿程矞采迅飭和春管帶大兵來省應援
當將防勦情形由驛奏
聞在案二十九日該匪復於妙高峯上對城開放槍

集其石馬鋪之陝西潼關協副將尹培立等管
帶陝西二千名亦因與賊匪開伏尚無下
落該兵勇奮無人策應旋亦潰散次日該匪時伏
於南門外之碧湘街社壇街近城一帶高屋牆
內對城開礮守埭兵勇奮力下城殺賊甚眾兵
勇亦有損傷臣等查湖南省城南門瀏陽門小
烏門小西門大西門草潮門北門惟南門瀏陽
門地勢較高現在該匪屢集南門外之金鷄橋
並瀏陽門外之較場時復遊弈小烏門等處人
數甚眾晝夜環攻不遺餘力臣等督飭文武員
弁在城固守已閱數日兵勇無多且已疲乏賊
勢仍然未退情形萬緊亟望援兵惟和春之兵
尚未接准咨復不知已否在途臣等焦急之至
現又疊次飛咨臣賽尚阿臣程矞采將前撥安
仁之河北鎮及鄧紹良並張國樑等兵勇六千
名先赴省垣並現在岳州防堵之湖北提臣
博勤恭武帶官兵前來應援又沿途迎提下
游川黔等省未到官兵一面飛咨賽尚阿程矞

丙午新鐫 羅太史著 蘇溪全集 內分六集

知養恬齋時文鈔 辛丑年梓

道光戊戌新鐫 知養恬齋試帖 青藤書屋藏版

道光辛丑年梓 思補山房

知養恬齋時 癸卯年刊

知養恬齋試帖 甲辰年梓

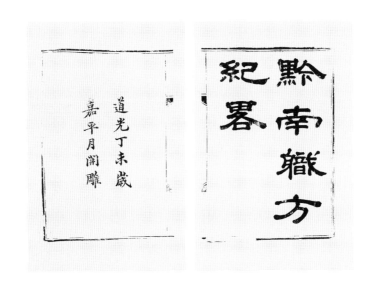

罗绕典部分著作书影

德政又值本年西成豐稔秋汛安瀾
福曜所臨不知
沛羹許傳霖郇雨旂常
偉業非羅洲所能惠也典賴紅廳礪南北奔馳去
秋乞假歸里仰叩
福廳高堂健飯如常兩字平安足舒
錦注緣牧處瘠田數畝半厄陽侯家計頻形竭蹷

不獲契眷人都而長安日近親舍雲遙未免時增眷
戀耳前在邑城時曾典
令弟六先生面訂瀰擬一帆風便道出姑蘇恭謁
軍門一瞻
光霽而同行諸友心憚風濤之險不果於行約手捫
心祇呼負負乃蒙
琅械遠賁繡服榮領

再稟者微人難措信貸舊存者秋得一數因商
潤芝兄於
執事存項中挪動二千以便趕緊赴任現定於十月廿日
出京
執事冬瓶用項敬懇寬為籌備由貢差添寄以補此項之缺
先未重明事殊孟浪然仰惟平日
栽培厚意或可
原恕也到任後當於明年
遂題圖事己文潤芝矣之友

罗绕典致陶澍书札

羅繼典謹啓

雲汀先生大人 鈞座去歲兩發蕪槭藉呈蘉恤雖側身

冀北無由坐領

春風而魁首天南竊幸光係

卿月辨香心祝馳系為勞飛惟

鴻獻懋著燕譽榮施凡大江東去沐浴

恩波者無不萬口成碑共銘

宏獎後進之心有加無已唯是無材同樗散供職迂愚

又不能勵志讀書仰副

栽培厚意對使拜

嘉既感且愧尤望

喬暉所照時賜

鞭訓委曲

栽成俾得景附

青雲常知奮勉是所切禱時因羽便縷飾篆私敬頌

眷綏附鳴謝恤悅惟

藹照不備繼典謹啓

八月朔日

罗绕典故居一角，位于安化县大福镇罗绕典社区。谢国平摄

前　言

罗绕典（1793—1854），字兰阶，一作兰陔，号苏溪，湖南安化人。罗绕典生在殷实之家，但九岁丧母，幼年时多得伯母李氏的鞠养。从十四岁开始，跟随安化名儒黄嘉菊（字东篱）学习，黄先生"每以经世宰物、泐鼎铭钟、古名臣事业相启迪"。二十岁那年，通过了县试、府试和院试，"补博士弟子员"，跨入了科举考试的门槛。罗绕典没有急于求取功名，而是花了十二年的时间在岳麓书院学习，先后师从袁名曜、欧阳厚均等湖湘名师。岳麓书院经世致用的学风，为罗绕典的仕途和人生奠定了良好的基础。

道光五年（1825），罗绕典第一次离开湖南去北京，"以选拔贡入都"，考授小京官，分户部河南司行走。道光八年（1828），参加顺天乡试中举。道光九年（1829），会试中式，殿试题名二甲第三十八名，赐进士出身。再经朝考选为庶吉士，在翰林院庶常馆学习三年。道光十二年（1832），散馆授编修。此后多年以编修官的身份担任武英殿纂修、翻书房行走、奏办院事、功臣馆提调等职务。道光十四年（1834），担任顺天乡试同考官。道光十五年（1835），担任四川乡试正考官。

道光十六年（1836）是罗绕典仕途的重要节点，他由中央机关的文化官员变为地方行政官员。这年九月外放山西，担任平阳府知府。道光十九年（1839），擢升陕西督粮道，任内曾署理陕西按察使。道光二十一年（1841），迁山西按察使，任内曾署理山西布政使。道光二十四年（1844），迁贵州布政使，任内曾署理贵州巡抚。道光二十九年（1849）闰四月，擢升湖北巡抚。罗绕典到任甫数月，接到父亲去世的噩耗，遂于十一月回安化大福坪守制。

咸丰二年（1852）五月，服阕赴京，这是罗绕典仕途的又一转折点。时值太平军攻陷湖南道州，长沙军情紧急，咸丰皇帝命罗绕典"帮办军务"，从此他由地方行政官员变为军事指挥员。罗绕典当即返湘，于六月底驰抵长沙，参与指挥长沙城防御战。八月，署理江西巡抚，未赴任。九月初，补授湖北巡抚，亦未到任。十一月下旬，授云贵总督，后因武昌被太平军攻陷，罗绕典奉命赴襄阳一带部署防务、整顿治安。咸丰三年（1853）四月，咸丰皇帝批准罗绕典交卸"帮办军务"的使命，就任云贵总督之职。七月，罗绕典抵达昆明。当时，云南、贵州少数民族反清起义此起彼伏，罗绕典到任后一个月，就平定了东川马二花起义。咸丰四年（1854）十一月，罗绕典在镇压贵州杨隆喜（亦作杨龙喜）起义时，于遵义军中突发中风而卒。清廷赐予"文僖"谥号。

罗绕典是湖湘文化的重要代表人物之一。他早年是岳麓书院的名弟子，在院学习时间长，深受经世致用学风的熏陶，因而在从政期间，关心民间疾苦，注重社会治理，解决民族矛盾，是嘉道时期经世改革派的殿军人物。罗绕典在担任山西平阳府知府期间，打击豪吏猾胥，办理积案千余宗，并主持修复莲花池及引水渠道工程，解决了长期困扰平阳居民的饮水难题。担任山西按察使期间，平反冤案二百余宗。担任贵州布政使期间，改革贵州铅厂章程，清查库款，杜绝亏空，使库款增加三十万两，并购备荒粮五万石，为云贵总督林则徐所称赏。咸丰初年，罗绕典参与组织湖南防务，对湖南团练多有建言。在太平军围困长沙的时候，罗绕典是统筹长沙防御战的主要组织者之一，他亲冒矢石，率领军民坚守八十余天，被清廷倚为砥柱。

通过研读和编纂罗绕典的相关文献，并纵观其为官治学的经历，我们对他有三个基本的评价。

一、罗绕典是一位有作为、敢担当且严于律己的官员。

罗绕典的仕途由七品翰林院编修起步，到从一品的云贵总督，一路走来政声极佳。他体恤民情，关心民间疾苦，及时处理各种纠纷和案件，使老百姓少受拖累。他关注民生，修复山西平阳饮水工程。他注重发展苗疆经济，力保商路畅通，切实保护苗民的权益，如为维护贵州平越州黄港苗洞苗民的权益，阻止于此开采金矿的动议，公然与执政喧争朝房中，竟至"拂袖径出"。罗绕典的施政举措，无不体现其关心民瘼、促进社会发展的经世爱民情怀，因此他被道光、咸丰皇帝所器重，民间亦视其为"能吏"。罗绕典具有艰苦朴素、廉洁自律的美德。他早年就读岳麓书院，距家约四百里路程，每年两次徒步往返，刻意磨炼意志。他在担任湖北巡抚时，拒绝盐商规银数万两。（同治）《安化县志》称罗绕典："自奉甚约，食不重味，宦游二十年，不受下僚馈遗，亦不献奉权贵。尝自言曰：'吾一介不以与人，一介不以取诸人。'"这种美德，无疑值得充分肯定。

二、罗绕典是一位十分勤奋且富有学术成就的学者。

罗绕典一生勤奋写作，其文学成果十分丰富，曾经刊刻诗文集多部，时人对他的文学成就有较高的评价。如在诗歌方面，有评论认为其诗独具风格，气象雄伟，"合太白、东坡而一之，才大而不侈，调高而不削，词丞而不纤，神恬而不窥，遒踔于当代诸家之上，独标正格"（蒋湘南语），乃至民国年间编的诗歌总集如《晚晴簃诗汇》《湘雅摭残》等亦选其诗。在制义文方面，罗绕典是清代中后期八股文名家，其特点是以真知识行文，既言之有据，又常给人以新见解。律赋也是罗绕典很擅长的文体，其风格追踪两汉，丽而有则。据罗涛、罗勋《苏溪府君行述》记载，罗绕典在翰林院期间请假回安化省亲时，曹振镛感叹："罗翰林归，馆无赋也。"道光十三年（1833）翰詹大考时，道光皇帝将罗绕典所作律赋中的警句特意圈出加以表扬，足以证明其律赋在当时享有盛誉。此外，罗绕典编纂并刊刻的《黔南职方纪略》，是一部记载贵州地方历史和少数民族历史的专著，该书不仅对贵州全省十二府、三直隶厅、一直隶州及各县之疆域、建置沿革、道路远近，以及各土司职事、各苗民的称呼和习俗有详尽的记载，而且对客民之有无置有苗产的户口数目，记录独为详细，在当时被视为处理民苗关系的工具书，"官斯土者，常披览而赅存之"，因而具有十分重要的文献价值。

三、罗绕典是一位有胆识且具较强协调能力的军事指挥员。

咸丰二年（1852）七月至十月间的长沙之战，是太平军出师湖南的一场艰巨且持久的恶战。此战改变了太平天国的命运，也改写了湖南乃至中国的近代历史。罗绕典作为长沙守御战的最高指挥员之一，带领长沙军民浴血奋战，坚守八十多天。长沙城墙曾经被太平军的隧道战术三次轰垮，罗绕典等亲临火线，指挥长沙军民三次抢夺回来，并"亲冒矢石"将缺口堵上。当时罗绕典的使命是"帮办军务"，并不能直接调动军队，"奉命办理防堵，只就乡村纠勇练团，其各营兵勇，向未主持调遣"。正因为有"乡村纠勇练团"的举措，他手上掌握了一支以举人、贡生、秀才为首的民兵力量。这支民兵队伍不仅在维持治安、稳定人心上发挥了重要作用，而且在佐巡堞口以及搬运街石、市椽等战略物资上积极配合。王定安《湘军记·粤湘战守篇》云："时城中兵勇八千余，隶巡抚，举、贡、生员或请领百人数十人，佐巡堞口，辄诣罗绕典言事。"湖湘士子在长沙城守御战中所表现的勇敢与激情，也许让曾国藩、郭嵩焘等人获得了组建湘军的启迪。

从以上三点看，罗绕典的著述是有价值的，整理出版很有必要。

罗绕典的著述，在清代道光年间有部分刊刻：道光十八年（1838）刊刻部分试帖诗，为道光戊戌刊《知养恬斋试帖》；道光二十一年（1841）刊刻《知养恬斋时文钞》和《蜀槎小草》；道光二十三年（1843）刊刻《知养恬斋诗钞》和《知养恬斋赋钞》；道光二十四年（1844）续刊部分试帖诗，为道光甲辰刊《知养恬斋试帖》。上述六种著述由思补山房和青藤书屋刊行，是为原刻本，总的书名为《知养恬斋诗赋文稿》。道光二十六年（1846），罗绕典的学生张鹏万将上述六种著述翻刻于四川，是为翻刻本，并冠以《苏溪全集》之名。因该年是丙午年，故又称丙午新镌《苏溪全集》。翻刻本在蜀中流传较广，2010 年上海古籍出版社影印出版的《清代诗文集汇编》所收录之《苏溪全集》，即据此本为底本。原刻本后来罕有流通，光绪五年（1879）五月，罗绕典之孙罗左清在长沙寻访到原刻本板片，重新刷印，遂有原刻本之光绪重印本，冠以《知养恬斋全集》之名。

《黔南职方纪略》为罗绕典担任贵州布政使期间所编纂，刊刻于道光二十七年（1847）。光绪三十一年（1905），时任贵州布政使的袁开第从藩署中找出旧版，修补校对后重印，并附以袁开第跋语。1987 年贵州人民出版社据光绪重印本出版简体横排标点本。

作为一位封疆大吏，罗绕典本应该有丰富的奏疏；作为一位文化大咖，罗绕典也应该有大量的应酬文章和书信往来。而《知养恬斋全集》或丙午新镌《苏溪全集》恰恰在这两方面阙如也。我们还发现，收入"全集"的《知养恬斋诗钞》，只是罗绕典古近体诗的一部分，仅包括道光十六年（1836）至道光二十三年（1843）的作品；《蜀槎小草》是道光十五年（1835）赴四川主持乡试往返途中的诗作（归途之作遗失），也只是这一年古近体诗的一部分。由此可知，罗绕典有大量的古近体诗尚未结集，而《知养恬斋全集》或《苏溪全集》也并非真正意义上的全集。

此次整理出版《罗绕典集》，目标是将罗绕典传世的全部著述加以结集，既有对已有刻本传世的著述加以整理，如《知养恬斋全集》《黔南职方纪略》等，也有对未刊和散佚文献的收集和整理，如奏疏、补遗等。我们对罗绕典传世著作的几种不同版本进行了认真比较，对其在道光年间问世的六种著述，以原刻本为底本；对其《黔南职方纪略》，以道光二十七年（1847）原刻本为底本。

全书共五册，计一百四十余万字。第一、二册为奏折、题本，共收奏折二百零五篇，题本一百二十二篇，是罗绕典奏疏首次结集整理。我们从中国第一历史档案馆找到了罗绕典奏疏的宗卷，同时也收集到典藏于台北故宫博物院的部分罗绕典奏疏的复印件，形成罗绕典奏疏较完备的文本，由单敏捷整理。罗绕典奏疏始于道光十六年（1836）九月二十四日《奏谢补授山西平阳府知府事》，止于咸丰四年（1854）十月二十日《奏为云南广南营守备顾锦标年老体衰请旨勒休事》。罗绕典的奏疏对了解太平天国运动时期清朝两湖地区防务，以及十九世纪中叶云贵地区财政、军务、矿业、司法、人事变迁、社会治安、少数民族状况等具有重要史料价值，是不可或缺的珍贵文献。

第三册为《知养恬斋时文钞》六卷，包括罗绕典各时期的八股文（又称时文、制义文）一百四十篇（含参加乡试和会试的六篇，以及参加拔贡考试的两篇）。由曾主陶、王杰成点校。

第四册包括道光戊戌刊《知养恬斋试帖》、《蜀槎小草》、《知养恬斋诗钞》、道光甲辰刊《知养恬斋试帖》、《知养恬斋赋钞》五种。道光戊戌刊《知养恬斋试帖》三十卷，收罗绕典道光十八年（1838）以前赋得体诗四百四十一首。由曾主陶点校。《蜀槎小草》二卷，收罗绕典道光十五年（1835）担任四川乡试主考官赴成都途中所作古近体诗二百四十八首。由王杰成点校。《知养恬斋诗钞》二卷，收罗绕典古近体诗三百五十五首。由王杰成点校。道光甲辰刊《知养恬斋试帖》分为上、下卷，收罗绕典自道光十八年（1838）至道光二十四年（1844）所作赋得体诗一百零三首。由王杰成点校。《知养恬斋赋钞》四卷，收罗绕典各时期的律赋一百零一篇。由王杰成点校。

第五册为《黔南职方纪略》及《补遗》《附录》《罗绕典年表》。《黔南职方纪略》九卷，初刻于道光二十七年（1847），又有光绪三十一年（1905）袁开第翻印刻本。经比较，道光原刻本优于光绪翻印本，因为在翻印修板过程中，增加了一些讹误。如卷七"韦番长官韦氏"条下"帝臣传璋"，翻印本误作"帝卧传璋"；卷八"都平长官何氏"条下"累传至梦霖"，翻印本阙"梦霖"二字。我们此次整理，以道光原刻本为底本，移录光绪翻印本的袁开第跋文附后。由曾主陶点校。

《补遗》收集罗绕典散佚的诗文和联语，其中各体文章五十二篇、诗五十五首、联语四十七副，散见于《湖南文征》、（同治）《安化县志》以及其他各种方志、族谱文献和实物中。《附录》包括罗绕典的多种传记资料以及其他相关资料。《补遗》和《附录》主要由曾主陶等负责整理。《罗绕典年表》由曾主陶编写。

书中衍文、脱文、讹误，按古籍整理常例，于文中用圆括号标示应删、改之字，方括号标示应补、正之字，为避免繁芜，一般不另出校记。

由于罗绕典的著述散佚较多，辑佚工作十分重要，也十分艰巨。在编辑工作启动之初，先由我本人作了初步的文献调研，系统地查阅了（光绪）《湖南通志》、（同治）《安化县志》、（民国）《贵州通志》、《湖南文征》等，又全面查阅了湖南图书馆和上海图书馆所收藏的安化各氏族的族谱文献，收集到数十篇罗绕典散佚诗文。在编辑过程中，责任编辑李业鹏先生又联系到寓居上海的湘籍学者李超平先生和湖南师范大学历史文化学院的伍成泉先生，他们分别提供了多篇罗绕典的佚文佚诗。2021 年 8 月以后，我们又通过安化县陶澍研究学会在安化乡友中进一步征集，先后有罗德瓦、李广、李良轩、温怒云、黄能民、邹子均等提供了多篇罗绕典的散佚作品。特别是罗德瓦先生，不仅为我们提供了《安化罗氏四修族谱》的部分电子文件，还积极联络安化乡友，对我们的辑佚工作给予了大力支持。安化县陶澍研究学会是编辑《罗绕典集》的发起者，为《罗绕典集》的文献收集和组织出版做了大量的工作。刘时雨先生、戴爱玲女士、陶稳固先生等除了多方联系外，还亲自查阅相关文献，提供文献线索。为了感谢诸君之劳，我们将诸君所提供的文献，各系芳名于后。所谓积土成山，集腋成裘，《罗绕典集》的辑佚成果，正如斯之所谓。

安化县委、县政府、县政协高度重视地方文献的挖掘与整理，为出版和发行《罗绕典集》给予了鼎力支持，在此，我们表示衷心的感谢！

8

曾主陶

2023 年 2 月 20 日

总　目

目 录

奏 折

9

奏　折

单敏捷　整理

奏谢补授山西平阳府知府事

道光十六年九月二十四日

新授山西平阳府知府臣罗绕典跪奏：为恭谢天恩事。道光十六年九月二十三日内阁奉上谕："江西吉南赣宁道员缺，着赵仁基补授。所遗山西平阳府知府员缺，着罗绕典补授。钦此。"窃臣楚南下士，知识庸愚。由拔贡朝考一等，以小京官用，签分户部。中式戊子科顺天乡试举人，己丑科会试进士，改庶吉士，散馆授职编修。大考二等，充甲午科顺天乡试同考官、乙未科四川乡试正考官。历充武英殿纂修功臣馆提调、翻书房行走、奏办院事、本衙门撰文教习庶吉士。涓埃未效，兢惕方深。兹复渥荷恩纶，补授今职。闻命之下，倍切悚惶。伏念平阳为繁要之区，知府有表率之责，如臣梼昧，深惧弗克胜任。惟有叩求恩训，敬谨遵循，于地方应办事宜，矢慎矢勤，实心实力，认真经理，以期稍酬高厚鸿慈于万一。所有微臣感激下忱，谨缮折叩谢天恩，伏祈皇上圣鉴。谨奏。

奏报接署臬篆日期事

道光二十年五月初十日

署陕西按察使督粮道臣罗绕典跪奏：为恭报接署臬篆日期叩谢天恩，仰祈圣鉴事。窃臣湖湘下士，知识庸愚，由户部七品小京官中式道光己丑科进士，改庶吉士，散馆授职编修。大考二等，奏办院事，分校京闱，典试四川。旋蒙皇上特恩，于十六年九月简放山西平阳府知府。上年四月复被宠纶，擢授陕西粮道。荷湛恩之逾格，期报称而未能。莅任以来，弥深兢惕。兹接抚臣富呢扬阿札行奏明，委臣署理臬司篆务。准臬司梁宝常于五月初七日将印信、文卷移交前来，臣当即恭设香案，望阙叩头，祗领任事。伏念臬司为刑名总汇，陕省尤冲剧要区，查吏安民，惩奸戢暴，责重事繁。臣自惟驽下，深惧弗克胜任，惟有实心实力，矢慎矢勤，遇事禀商抚臣，认真经理，断不敢以暂时署篆，稍涉因循，以冀仰副圣主高厚鸿慈于万一。所有微臣接署臬篆日期，并感激下忱，理合恭折具奏，叩谢天恩，伏乞皇上圣鉴。谨奏。

朱批：知道了。

奏为恭请圣安事

道光二十一年

新授山西按察使臣罗绕典跪请皇上圣躬万安。

奏谢补授按察使事

道光二十一年九月初五日

新授山西按察使臣罗绕典跪奏：为恭谢天恩，仰祈圣鉴事。窃臣于九月初一日接奉抚臣富呢扬阿行知准吏部咨开本年八月二十日内阁奉上谕："山西按察使员缺，着罗绕典补授。等因。钦此。"伏念臣湘楚菲材，由道光己丑科进士改庶吉士，散馆授职编修。渥荷特恩，简任山西平阳府知府。旋蒙擢授陕西督粮道。在任两载有余，黾勉趋公，方深兢惕，兹复仰邀简擢，畀任提刑。查晋省为畿近要区，臬司乃刑名总汇，厘奸戢暴，责重事繁。臣识浅才疏，深惧弗克胜任，惟有吁恳恩施，准臣叩觐天颜，亲承训示，俾有遵循，以冀勉效愚忱，仰答高厚鸿慈于万一。现俟委署有人，即行交卸，迎折北上。所有微臣感悚下忱，理合缮折恭谢天恩，伏乞皇上圣鉴。谨奏。

朱批：着来见。

奏为恭报微臣抵晋接印日期叩谢天恩事

道光二十一年十一月二十四日

山西按察使臣罗绕典跪奏：为恭报微臣抵晋接印日期，叩谢天恩，仰祈圣鉴事。窃臣蒙恩补授山西按察使，于十月内到京，泥首宫门，仰蒙召见四次，训诲谆谆，感悚服膺，莫能言状。陛辞后遵即倏装起程赴任，十一月二十二日行抵晋省。准署臬司姜梅将印信、文卷移交前来，臣当即恭设香案，望阙叩头，祗领任事。伏念臣湘南下士，知识庸愚，由编修渥蒙皇上特恩，简擢知府，升任道员，兹复升授山西按察使，沐鸿施之逾格，非梦想所敢期。窃思晋省地当冲要，臬司职理刑名，察吏安民，责任綦重。臣自维梼昧，深惧弗克称职，惟有恪遵恩训，勉竭愚诚，于地方利弊、属员贤否并驿传事务刻刻留心稽查，禀商抚臣，认真整顿，断不敢稍涉因循，自干咎戾，以期仰报高厚生成至意。所有微臣接印日期暨感激下忱，谨缮折叩谢天恩，伏祈皇上圣鉴。谨奏。

朱批：知道了。

奏报保定等地麦苗情形事

道光二十一年十一月二十四日

再，臣自出都后，经过保定正定地方，察看土膏滋润，麦苗秀发。迨入山西境，道旁积雪尚厚，询知通省地方粮价平减，民情欢忭，俱极安静，洵堪仰慰圣怀。理合附片奏闻。谨奏。

朱批：览。

奏报接署藩篆日期事

道光二十一年十二月二十日

署山西布政使按察使臣罗绕典跪奏：为恭报微臣接署藩篆日期，叩谢天恩，仰祈圣鉴事。窃臣于道光二十一年十二月十八日奉到升任闽浙总督山西抚臣杨国桢行知奏署山西布政使，即于十九日准藩司乔用迁将印信、文卷移交前来，当即恭设香案，望阙叩头，祗领任事讫。伏念臣楚南下士，才识庸愚，渥荷特恩，由词垣外放知府，洊升道员，本年复蒙逾格鸿慈，擢授晋臬。入觐天颜，召见四次，跪聆圣训，感悚难名。到任以来，弥深兢惕，兹复署理藩篆，材轻任重，报称尤难。查晋省地当边要，藩司职任旬宣，总理钱谷，表率官寮，在在均关紧要。臣自顾菲材，深惧弗克胜任，惟有益加勤慎，勉竭愚忱，随同署抚臣认真办理，不敢以暂时署篆稍涉因循，以期仰答圣主训诲成全之至意。所有微臣感激下忱，并署任日期，理合缮折恭谢天恩，伏乞皇上圣鉴。谨奏。

朱批：知道了。

奏报交卸藩篆接任臬篆日期并谢恩擢授晋臬事

山西按察使臣罗绕典跪奏：为恭报微臣交卸藩篆接任臬篆日期，叩谢天恩，仰祈圣鉴事。窃臣于上年八月渥荷特恩，擢授晋臬。陛见后即赴臬任视事。旋于十二月十九日奉前抚臣杨国桢行知饬臣署理山西布政使印务，半载以来驽骀勉策，兢惕弥深。兹新任抚臣梁萼涵到晋，藩司乔用迁于本月初二日交卸抚篆，臣即于是日交卸藩篆，仍回本任。准署臬司姜梅将印信、文卷移交前来，臣当即恭设香案，望阙叩头，祗领任事。伏念晋省为畿近要区，臬司乃刑名总汇，察吏安民，厘奸戢暴，以及整理邮政，责重事繁，臣惟有勉竭愚忱，随同抚臣督饬所属，一切实心实力认真办理，不敢稍涉因循，以冀仰酬高厚鸿慈于万一。所有微臣交卸回任日期暨感激下忱，理合缮折恭谢天恩，伏乞皇上圣鉴。谨奏。

朱批：知道了。

奏为奉旨补授贵州布政使谢恩请陛见事

新授贵州布政使臣罗绕典跪奏：为恭谢天恩，吁请陛见事。窃臣接奉抚臣梁萼涵行知准吏部咨开，本年二月二十一日内阁奉上谕："贵州布政使员缺，着罗绕典补授。钦此。"伏念臣楚南下士，才识庸愚，由编修仰蒙特旨简放山西平阳府知府，升任陕西督粮道，旋蒙擢授山西按察使。涓埃未效，兢惕方深，兹复渥荷鸿慈，畀以旬宣重任，被恩施之逾格，非梦想所敢期。窃思黔省为边徼要区，藩司为庶僚表率，安民查吏，责重事繁，深惧弗克胜任，惟有吁恳圣恩，准臣入觐天颜，亲承训示，俾有遵循，以冀免效愚忱，仰答高厚鸿慈于万一。现俟委署有人，即行交卸起程，迎折北上。所有微臣感激下忱，谨缮折恭谢天恩，伏祈皇上圣鉴。谨奏。

朱批：着来见。

奏报接护抚篆日期叩谢天恩事

道光二十五年五月二十九日

护理贵州巡抚布政使臣罗绕典跪奏：为恭报接护抚篆日期，叩谢天恩，仰祈圣鉴事。窃臣于道光二十五年五月二十九日接奉升任云贵总督臣贺长龄行知，现因进京陛见，奏委臣护理贵州巡抚印务，随委员赍送巡抚关防并王命旗牌、文卷、书籍前来。臣当即恭设香案，叩头谢恩，祗领任事。伏念臣湘南下士，才识庸愚，仰荷圣恩，由编修特放山西平阳府知府，洊擢陕西督粮道、山西按察使，升任今职。涓埃未效，兢惕方深，兹复护理抚篆。苗疆重地，虽暂权亦恐弗胜。臣惟有勉竭愚忱，倍加勤慎，凡察吏安民、整饬营伍诸事，认真办理，不敢稍涉因循，以期仰副圣主绥靖边疆之至意。除将接篆日期恭疏题报外，所有微臣感激下忱，理合缮折叩谢天恩，伏祈皇上圣鉴。谨奏。

朱批：知道了。

奏闻借动司库银两买运兵粮事

道光二十五年六月二十五日

护理贵州巡抚布政使臣罗绕典跪奏：为司库备用银两不敷买运兵粮之用，请于存贮兵粮节省等款银内借动支放，恭折奏祈圣鉴事。窃照动拨银两，例应于未放之前奏明请旨办理。黔省镇远、古州等镇协营每年应需兵粮，除各属征收秋米供支外，其不足月粮历系邻近地方买运供支，并折给兵丁自行买食，所需米价、运脚及折色等银，向于粮储道库收存余米、变价并司库备用银内支发，分案报销。将动支司库银两请拨还项所有节年买运兵米支过备用银两，业经部覆准销，应拨还银八万一千四百四十一两零另行恭疏题拨。现在备用项下实存银一万一千九百五十五两零，道光二十五年九月起至二十六年八月底，镇远、古州等镇协营兵丁不足月粮，约需折色米一万六千余石，应由道库约发银一万九千余两；又兴义、松桃、定番、仁怀、大塘等府、厅、州、县、州判采买兵米九千四百余石，由道库约发米价银一万一千四百余两；又大定、镇远、思州、铜仁等府暨普安、黄平、余庆等厅州县挽运兵粮，由道库约发脚费等银二万五千五百余两。以上折色、采买、运脚等项，约共需银五万五千九百余两。除将粮储道库收存各属余米、变价等银三万八千二百余两，并赴司库请领转发买折兵粮价脚等银八千二百余两外，尚不敷银九千五百余两，应于司库动拨。又贵东道收买屯苗余粮米七千七百余石，应由司库约发米价银九千四百八十余两。又都匀、黎平、八寨、独山等府厅州县采买兵米四千四百二十余石，由司库约发米价银六千六百六十余两，连粮储道请领转发买折兵粮价脚等银八千二百余两，并请拨银九千五百余两。共需银三万三千八百余两。除将司库存剩备用银一万一千九百余两发给外，尚不敷银二万一千八百余两，在于司库存贮采买兵粮节省并协拨兵饷附解加平银内借动支发，统俟秋粮价定，按照确数报销。据兼署藩司吴振棫具详请奏前来。臣查兵米攸关紧要，必须乘时买运供支，而实存备用银一万一千九百余两不敷支放，自应筹款发给。司库收贮都匀等处采买兵粮节省、暨两浙协拨黔省兵饷附解加平等款，现存银二万二千二百五十九两零，应请即于此二款内暂借银二万一千八百余两，将粮储道照例请领之八千二百余两及请拨之九千五百余两一并移贮道库，其余银四千两零另存司库，分别支放买运，以裕兵食。臣惟严饬道府，认真稽察，并督率所属各厅州县实心妥办，毋许克扣抑勒滋弊。如查有短发米价、运脚，扰累民苗情事，即当严参究办。仍俟买运兵粮事竣，造册报销，题请拨还原款。除咨明户部外，所有借动司库银两缘由，理合循例恭折具奏，伏乞皇上圣鉴。谨奏。

朱批：户部知道。

奏明请以吴登甲调署黄平知州事

道光二十五年六月二十五日

臣罗绕典跪奏：再，镇远府属之黄平州苗俗强犷，时有出外抢劫之案，缉捕最为紧要。现署黄平州知州刘元标明白勤慎，平日尚称能事，惟近来于捕盗事宜不甚得力，查有署镇远县事大挑知县吴登甲，奋勉有为，遇事不避劳苦，请以调署黄平州，于捕务可期整饬。所遗镇远县缺虽系水陆冲途，而该处民苗安静，政务较简，即以刘元标署理，亦能胜任。又，兴义县知县娄镕派运京铅，所遗兴义县印务查有办铜事竣回黔之毕节县知县汪自修，明白稳练，堪以委署。并据兼署藩司具详前来。除饬遵外，理合会同兼署云贵督臣吴其濬附片陈明，伏乞圣鉴。谨奏。

朱批：另有旨。知道了。

奏报黔省道光二十五年五月雨水粮价情形事
（附清单）

道光二十五年六月二十五日

护理贵州巡抚布政使臣罗绕典跪奏：为敬陈五月分雨水粮价情形，仰祈圣鉴事。窃照本年四月分黔省雨水调匀，粮价中平，业经前抚臣贺长龄恭折奏报在案。兹查省城于五月初四、初九、十一、十六、十七、二十四、二十七八等日俱沾雨泽，余皆阴晴相间。田畴积水充盈，禾苗青葱滋长，菜蔬杂粮，一律畅茂。并据各属具报雨水田禾情形，核与省城大略相仿。时届青黄不接，通省粮价较上月微有加增，并无妨于民食。臣察看苗疆安静四境恬熙，理合据实奏闻，并缮呈五月分粮价清单，伏乞皇上圣鉴。谨奏。

朱批：知道了。

清　单

谨将道光二十五年五月分贵州省各属米粮时价缮具清单，恭呈御览。

贵阳府属，价中。上米每仓石价银六钱至一两八分，较上月贵一分；中米每仓石价银五钱七分至一两五分，较上月贵一分；稗米每仓石价银四钱至六钱三分，较上月贵二分。

安顺府属，价平。上米每仓石价银五钱六分至八钱五分，较上月贵一分；中米每仓石价银五钱三分至八钱二分，较上月贵一分；稗米每仓石价银三钱至五钱九分，较上月贵二分。

兴义府属，价中。上米每仓石价银九钱一分至一两一钱五分，较上月贵二分；中米每仓石价银八钱八分至一两一钱二分，较上月贵二分；稗米每仓石价银三钱四分至五钱五分，较上月贵一分。

大定府属，价中。上米每仓石价银五钱四分至一两二分，较上月贵二分；中米每仓石价银五钱一分至九钱九分，较上月贵二分；稗米每仓石价银三钱三分至六钱七分，较上月贵一分。查大定府属惟威宁州上米每仓石价银一两六钱六分，中米每仓石价银一两六钱三分，因该州不产稻米，历系场集贩运粜卖，是以较他处稍昂，其五月分价值较上月贵二分。

遵义府属，价平。上米每仓石价银七钱六分至九钱二分，较上月贵一分；中米每仓石价银七钱三分至八钱九分，较上月贵一分；稗米每仓石价银三钱八分至五钱九分，较上月贵二分。

都匀府属，价中。上米每仓石价银八钱一分至一两二钱五分，较上月贵二分；中米每仓石价银七钱八分至一两二钱二分，较上月贵二分；稗米每仓石价银三钱七分至七钱五分，较上月贵二分。

镇远府属，价中。上米每仓石价银一两一钱六分至一两二钱四分，较上月贵二分；中米每仓石价银一两一钱三分至一两二钱一分，较上月贵二分；稗米每仓石价银四钱八分至八钱一分，较上月贵一分。

思南府属，价中。上米每仓石价银一两二分至一两六分，较上月贵二分；中米每仓石价银九钱九分至一两三分，较上月贵二分；稗米每仓石价银四钱一分至五钱，较上月贵一分。

石阡府属，价中。上米每仓石价银一两二分至一两一钱八分，较上月贵二分；中米每仓石价银九钱九分至一两一钱五分，较上月贵二分；稗米每仓石价银五钱二分至八钱四分，较上月贵一分。

思州府属，_{价中。}上米每仓石价银一两二钱一分至一两三钱七分，较上月贵一分；中米每仓石价银一两一钱八分至一两三钱四分，较上月贵一分；稗米每仓石价银五钱六分至六钱一分，较上月贵一分。

铜仁府属，_{价中。}上米每仓石价银一两一钱五分，较上月贵一分；中米每仓石价银一两一钱二分，较上月贵一分；稗米每仓石价银五钱二分，较上月贵二分。

黎平府属，_{价中。}上米每仓石价银一两一钱二分至一两五钱，较上月贵二分；中米每仓石价银一两九分至一两四钱七分，较上月贵二分；稗米每仓石价银五钱三分至九钱八分，较上月贵二分。

平越直隶州属，_{价平。}上米每仓石价银八钱二分至八钱八分，较上月贵一分；中米每仓石价银七钱九分至八钱五分，较上月贵一分；稗米每仓石价银三钱七分至五钱一分，较上月贵二分。

普安直隶同知属，_{价平。}上米每仓石价银九钱八分，较上月贵一分；中米每仓石价银九钱五分，较上月贵一分；稗米每仓石价银五钱四分，较上月贵一分。

仁怀直隶同知属，_{价平。}上米每仓石价银九钱，较上月贵二分；中米每仓石价银八钱七分，较上月贵二分；稗米每仓石价银四钱六分，较上月贵二分。

松桃直隶同知属，_{价中。}上米每仓石价银一两五钱，较上月贵二分；中米每仓石价银一两四钱七分，较上月贵二分；稗米每仓石价银八钱九分，较上月贵一分。

朱批：览。

奏报黔省道光二十五年五月收捐监生银数事

道光二十五年六月二十五日

臣罗绕典跪奏：再，各省捐监银数，恭奉谕旨："随同粮价每月具奏。钦此。"又准部咨，捐监银俟收至三万两即行解部，续收三万两归补封贮。等因。查黔省自嘉庆五年开捐起，至道光二十二年十一月止，共收捐监银五十二万二千三百九十两，内解交部库银二十三万四千一百七十两，归补封贮银二十八万八千二百二十两。其封贮项下，除买补硝磺、铅斤支发银一百七十一两零，拨解云南壬寅年铜本兵饷银二十五万两，拨充贵州癸卯年兵饷银三万七千两外，实存银一千四十八两零。计未补封贮分贮银三十三万九千九百五十一两零。二十二年十二月至二十五年四月收捐监银三万三千二百六十四两，拨解部库银一万四千二百两，实存银一万九千六十四两。五月分报捐监生八名，收银八百六十四两，共收存藩库银一万九千九百二十八两，俟收足三万两即行解部交纳。理合附片陈明，伏乞圣鉴。谨奏。

朱批：户部知道。

奏闻审拟杜成人杀死一家二命案事

道光二十五年六月二十五日

护理贵州巡抚布政使臣罗绕典跪奏：为拿获因奸杀死本夫一家二命之凶犯，及事后不行首告之奸妇，审明定拟，恭折奏祈圣鉴事。窃据署大定府知府鹿丕宗验报，府民杜成人与无服族弟杜

成万之妻杜刘氏通奸，谋杀杜成万弃尸硐内，并将杜成万胞妹杜
幺妹致死灭口，杜刘氏因被奸夫吓禁，不行首告。等情。经前抚
臣贺长龄批饬审解，兹据委员贵阳府知府周作楫讯拟，由臬司吴
振棫覆审详解前来。臣随提犯研讯，缘杜成人与无服族弟杜成万
之妻杜刘氏习见不避，道光二十三年十一月间，杜成人见杜刘氏
在坡上捡柴，四顾无人，随与杜刘氏调戏成奸，以后遇便续奸多
次，杜成万并不知情。二十四年九月内，杜成人探知杜成万外出，
进内与杜刘氏共坐谈笑，杜成万转回撞见斥骂，并向杜刘氏追问。
杜刘氏用言掩饰，未吐奸情。杜成万禁止杜成人不许上门，杜成
人情虚跑走，因恋奸情密，被杜成万禁阻，怀恨欲将杜成万谋死，
仍与杜刘氏往来。十月二十四日下午，杜成人在石坑硐地方撞遇
杜成万由场上酒醉转回。因该处地方偏僻，可以下手，即走近杜
成万身旁，将其推跌倒地，乘势骑压背上，用膝盖压住其两手衣
袖。杜成万喊救，杜成人解下系腰草绳挽成活套，套入杜成万咽
喉，两手分执绳头，用力拉勒。杜成万气绝殒命。杜成人站起，
将尸身背弃硐内，时有邻妇矮妹在对面坡上收牛瞥见，因恐人命
干连，未敢声张。次日，杜成人往向杜刘氏告述前情，杜刘氏当
向埋怨哭闹。适杜成万之妹杜幺妹走过听闻，声言欲告官究治。
杜成人虑及败露，起意将杜幺妹致死灭口，顺取灶边通火铁条殴
伤杜幺妹偏右，倒地。杜刘氏拢救，被杜成人掌披左腮颊推开。
因见杜幺妹卧地哼唤，复用铁条殴伤杜幺妹左肋，杜幺妹登时身
死。杜成人随吓禁杜刘氏，如敢声张，定即一并打死。杜刘氏即
隐忍不言。当有杜成名路过查问，杜成人复用言恐吓，杜成名亦
畏累走开。杜成人逼令杜刘氏诡称杜幺妹病故，代为买棺殓埋。
杜刘氏因畏其凶恶，潜往夫堂兄杜应受家住歇。旋经该府访闻，
获犯验讯，解审不讳。臣覆加究诘，委系因奸起意谋杀本夫，弃
尸不失，并致死本夫之妹灭口，奸妇并未知情同谋，亦无加功之
人，矢口不移，案无遁饰。此案杜成人因与杜刘氏通奸，被本夫
杜成万禁阻，怀恨起意将杜成万谋勒致毙，嗣本夫之妹杜幺妹闻

知欲控，复致死杜幺妹灭口。死系期亲兄妹，一家二命。查杜成人系杜成万无服族兄，应同凡论。杜成人除与杜刘氏通奸并弃尸私埋各轻罪不议外，合依杀一家非死罪二人者拟斩立决、枭示例，拟斩立决、枭示，先于左面刺"凶犯"二字。奸妇杜刘氏于杜成人谋勒伊夫杜成万身死先不知情，嗣将杜幺妹致死灭口，该氏拢劝被殴，惟事后既经杜成人告知谋勒情由，因被吓禁不即首告，实属畏凶隐忍。杜刘氏除与杜成人通奸轻罪不议外，合依奸夫自杀其夫、奸妇虽不知情绞监候律，拟绞监候，秋后处决。矮妹目击杜成人将杜成万勒毙弃尸硐内，并不首告，依律杖一百，系妇人，收赎。失察之乡约张玉恩照律杖八十，折责革役。杜成名系杜成人大功堂弟，听嘱隐匿，律得容隐，应毋庸议。除全案供招咨部外，所有审明定拟缘由，理合援照刑部议定应奏条款，恭折具奏，伏乞皇上圣鉴，敕部议覆施行。谨奏。

朱批：刑部速议具奏。

奏请将亏短全完之麻哈州知州洪凤翯开复事

道光二十五年七月十八日

护理贵州巡抚布政使臣罗绕典跪奏：为原参亏短银谷之卸署知县已于限内全完，遵例恳恩开复，恭折奏祈圣鉴事。窃照卸署玉屏县事麻哈州知州洪凤翯前署玉屏县任内亏短银谷，经升任抚臣贺长龄奏参，革职拿问。旋据思州府知府赵衷转据该参员洪凤翯禀称，于道光二十二年三月初三日到玉屏县任。该县原额常平社仓并溢额捐输共谷一万八千八百六十三石零，向无亏缺。二十四年春间，阴雨连旬，各仓多有渗漏。除盘交过谷一万八百二十三石外，短少霉变、盘折、气头、廒底、鼠耗谷八千四十石零。

交卸后寄信回家，设措归款，因一时未到，致被揭参。兹已措齐，当会同接任知县刘玉麟核算，连杂款应交银五千三百四两三钱二分三毫，如数交清。等情。经该府提集仓书、斗级人等，逐加查讯，并据该县刘玉麟查覆，均属相符，并无侵蚀情弊。由兼署藩司事臬司吴振棫查明议详前来。臣覆查参革麻哈州知州洪凤翥前署玉屏县任内短交盘折、气头、廒底并霉变谷八千四十石零，照部价每石五钱，折算连未交杂款共银五千三百四两零，已于参后全完，尚知愧奋，例得免罪，开复其原参革职之案，可否准予开复，出自天恩。仓书、斗级并不小心看守，以致仓谷漏湿，均照律杖八十，折责革役。缺谷价银业经提贮府库，应饬该府俟本年秋收后，粮价平减，发交该县刘玉麟照数买补，以实仓储。仓廒渗漏之处，由该县捐修。洪凤翥原籍家产，已咨明安徽抚臣，毋庸查封。除催取交代册结依限咨部外，理合恭折具奏，伏乞皇上圣鉴。谨奏。

朱批：另有旨。

奏报黔省道光二十五年六月雨水粮价情形事
（附清单）

道光二十五年七月十八日

护理贵州巡抚布政使臣罗绕典跪奏：为敬陈六月分雨水粮价情形，仰祈圣鉴事。窃照本年五月分黔省雨水调匀，粮价中平，臣已恭折奏报在案。兹查省城于六月初四、初五、十七、十九、二十四、二十八九等日俱沾雨泽，余皆阴晴相间。田畴积水充盈，早禾秀颖吐穗，晚禾芄茂含苞，菜蔬杂粮，一律畅盛。并据各属具报雨水田禾情形，核与省城大略相仿。时届青黄不接，通省粮价较上月微有加增，并无妨于民食。臣察看苗疆安静，四境恬熙，理合据实奏闻，并缮呈六月分粮价清单，伏乞皇上圣鉴。谨奏。

朱批：知道了。

清 单

谨将道光二十五年六月分贵州省各属米粮时价缮具清单，恭呈御览。

贵阳府属，价中。上米每仓石价银六钱一分至一两九分，较上月贵一分；中米每仓石价银五钱八分至一两六分，较上月贵一分；稗米每仓石价银四钱一分至六钱四分，较上月贵一分。

安顺府属，价平。上米每仓石价银五钱八分至八钱七分，较上月贵二分；中米每仓石价银五钱五分至八钱四分，较上月贵二分；稗米每仓石价银三钱一分至六钱，较上月贵一分。

兴义府属，价中。上米每仓石价银九钱二分至一两一钱六分，较上月贵一分；中米每仓石价银八钱九分至一两一钱三分，较上月贵一分；稗米每仓石价银三钱六分至五钱七分，较上月贵二分。

大定府属，价中。上米每仓石价银五钱五分至一两三分，较上月贵一分；中米每仓石价银五钱二分至一两，较上月贵一分；稗米每仓石价银三钱四分至六钱八分，较上月贵一分。查大定府属惟威宁州地方上米每仓石价银一两六钱七分，中米每仓石价银一两六钱四分，因该州不产稻米，历系商贩运往粜卖，是以较他处稍昂，其价值较上月贵一分。

遵义府属，价平。上米每仓石价银七钱八分至九钱四分，较上月贵二分；中米每仓石价银七钱五分至九钱一分，较上月贵二分；稗米每仓石价银三钱九分至六钱，较上月贵一分。

都匀府属，<small>价中。</small>上米每仓石价银八钱二分至一两二钱六分，较上月贵一分；中米每仓石价银七钱九分至一两二钱三分，较上月贵一分；稗米每仓石价银三钱八分至七钱六分，较上月贵一分。

镇远府属，<small>价中。</small>上米每仓石价银一两一钱七分至一两二钱五分，较上月贵一分；中米每仓石价银一两一钱四分至一两二钱二分，较上月贵一分；稗米每仓石价银五钱至八钱三分，较上月贵二分。

思南府属，<small>价中。</small>上米每仓石价银一两三分至一两七分，较上月贵一分；中米每仓石价银一两至一两四分，较上月贵一分；稗米每仓石价银四钱二分至五钱一分，较上月贵一分。

石阡府属，<small>价中。</small>上米每仓石价银一两四分至一两二钱，较上月贵二分；中米每仓石价银一两一分至一两一钱七分，较上月贵二分；稗米每仓石价银五钱三分至八钱五分，较上月贵一分。

思州府属，<small>价中。</small>上米每仓石价银一两二钱二分至一两三钱八分，较上月贵一分；中米每仓石价银一两一钱九分至一两三钱五分，较上月贵一分；稗米每仓石价银五钱八分至六钱三分，较上月贵二分。

铜仁府属，<small>价中。</small>上米每仓石价银一两一钱七分，较上月贵二分；中米每仓石价银一两一钱四分，较上月贵二分；稗米每仓石价银五钱三分，较上月贵一分。

黎平府属，<small>价中。</small>上米每仓石价银一两一钱三分至一两五钱一分，较上月贵一分；中米每仓石价银一两一钱至一两四钱八分，较上月贵一分；稗米每仓石价银五钱五分至一两，较上月贵二分。

平越直隶州属，<small>价平。</small>上米每仓石价银八钱三分至八钱九分，较上月贵一分；中米每仓石价银八钱至八钱六分，较上月贵一分；稗米每仓石价银三钱九分至五钱三分，较上月贵二分。

普安直隶同知属，<small>价平。</small>上米每仓石价银九钱九分，较上月贵一分；中米每仓石价银九钱六分，较上月贵一分；稗米每仓石价银五钱五分，较上月贵一分。

仁怀直隶同知属，_{价平}。上米每仓石价银九钱一分，较上月贵一分；中米每仓石价银八钱八分，较上月贵一分；稗米每仓石价银四钱八分，较上月贵二分。

松桃直隶同知属，_{价中}。上米每仓石价银一两五钱一分，较上月贵一分；中米每仓石价银一两四钱八分，较上月贵一分；稗米每仓石价银九钱一分，较上月贵二分。

朱批：览。

奏报黔省道光二十五年六月收捐监生银数事

道光二十五年七月十八日

臣罗绕典跪奏：再，各省捐监银数，恭奉谕旨："随同粮价每月具奏。钦此。"又准部咨，捐监银俟收至三万两即行解部，续收三万两归补封贮。等因。查黔省自嘉庆五年开捐起，至道光二十二年十一月止，共收捐监银五十二万二千三百九十两，内解交部库银二十三万四千一百七十两，归补封贮银二十八万八千二百二十两。其封贮项下，除买补硝磺、铅斤支发银一百七十一两零，拨解云南壬寅年铜本兵饷银二十五万两，拨充贵州癸卯年兵饷银三万七千两外，实存银一千四十八两零。计未补封贮分贮银三十三万九千九百五十一两零。二十二年十二月至二十五年五月收捐监银三万四千一百二十八两，拨解部库银一万四千二百两，实存银一万九千九百二十八两。六月分报捐监生二名，收银二百一十六两，共收存藩库银二万一百四十四两。俟收足三万两即行解部交纳。理合附片陈明，伏乞圣鉴。谨奏。

朱批：户部知道。

奏为访获李元俸习教事

护理贵州巡抚布政使臣罗绕典跪奏：为访获传经授徒、惑众敛钱匪犯，查讯大概供情，恭折奏祈圣鉴事。窃照黔俗素信巫鬼，民人等时有听从习教之事，节经升任抚臣贺长龄访拿奏办有案。臣到任后，复谆饬各属实力查拿。兹据兼署藩司事臬司吴振棫详报，据贵阳府知府周作楫、署贵筑县知县陶大铨等各访闻所属民人，李元俸等有供奉无生老母、传习经本、拜师授徒情事，会营拿获传徒之李元俸及听从拜师各犯，并起获《无生老母经》及《愿忏开示》等经解省。臣即督同查验起获各经，均系消灾祈福鄙俚之词，并无违悖字样。提犯隔别研讯，据李元俸供，系贵筑县人，道光二十五年正月间，伊路遇云南人史青、赵方位同行，史青说及供奉无生老母，茹素念经，坐功运气，修炼清真大道，可以却病延年，如肯给钱，当为传授。伊即送给拜师钱三千文，史青当传给《无生老母经》《愿忏开示》等经各一本，运气歌诀一张，又教令坐功运气法则，并给与法堂添恩名号。史青等回滇后，伊回家照依供奉诵习。五月内，伊因贫起意传徒授经敛钱。时有广顺州人高琦，清镇县人杨瑞庭、李七十、王汶经，龙泉县人田琮魁、傅潮希、田庆亨、邹学本、邹学珍、萧荣方、阎之礼，石阡府人曾云陇，兴义府人蔡老三各在伊家附近生理认识，先后诱令茹素念经。高琦、田琮魁、傅潮希、田庆亨、蔡老三各送给拜师钱二千文及五六百文不等，即在伊家随同礼拜无生老母，念经运气。伊抄给高琦《无生老母》等经卷，嘱令收藏念诵，田琮魁等均未给与经卷，至杨瑞庭等八人仅允吃素，并未给钱拜师，随各走散。史青等系云南某处人，当日未经问明，其现往何处，曾否另传有徒，及田庆亨等逃匿处所，伊均不知情，惟闻此外念经茹素尚有广顺州人王德用、王德富，平远州人李兴潮、刘淙保、陈裕先、杨双林，黔西州人赵应海，清镇县人刘昆田，安平县人张耳升，安顺府人龙胡等十人，其余实不知道。提讯高琦等供俱相同。旋接陕、甘、湖北等省咨称，均有匪徒习教传徒，滇省亦有夏致温传教之事，复向各犯严诘，佥称俱不认识。等语。臣查李元俸等胆敢供奉无生老母，传徒敛钱，殊属不法，且滇黔两省毗连，难保该犯等不与夏致温等联为一党，互相煽惑，其传徒亦必不止此数，现讯供情恐有不实不尽，自应通饬各属，上紧严拿，澈底究办，以期净绝根株。除将现在供出各犯饬拿务获，并咨云南抚臣饬缉史青、赵方位讯取确供移覆归案办理外，所有访获匪犯查讯大概情形，理合恭折具奏，伏乞皇上圣鉴。谨奏。

朱批：严密查缉，勿扰善良，勿留余孽。勉之。

奏报黔省道光二十五年七月雨水粮价情形事
 （附清单）

道光二十五年八月二十四日

护理贵州巡抚布政使臣罗绕典跪奏：为敬陈七月分雨水粮价情形，仰祈圣鉴事。窃照本年六月分黔省雨水调匀，粮价中平，臣已恭折奏报在案。兹查省城于七月初二、初六、初八、初九、十一、十七、二十三、二十八等日均沾雨泽，余皆阴晴相间。正当早稻成熟，晚禾结实之际，得此暄润咸宜，收成可期丰稔。荞稗杂粮，一律畅茂。并据各属具报雨水田禾情形，核与省城大略相仿。通省粮价多与上月相同，间有稍增之处，并无妨于民食。察看苗疆安静，四境恬熙，理合据实奏闻，并缮呈七月分粮价清单，伏乞皇上圣鉴。谨奏。

朱批：知道了。

清　单

谨将道光二十五年七月分贵州省各属米粮时价缮具清单，恭
呈御览。

贵阳府属，价中。上米每仓石价银六钱二分至一两一钱，较上
月贵一分；中米每仓石价银五钱九分至一两七分，较上月贵一分；
稗米每仓石价银四钱一分至六钱四分，与上月相同。

安顺府属，价平。上米每仓石价银五钱九分至八钱八分，较上
月贵一分；中米每仓石价银五钱六分至八钱五分，较上月贵一分；
稗米每仓石价银三钱一分至六钱，与上月相同。

兴义府属，价中。上米每仓石价银九钱二分至一两一钱六分，
与上月相同；中米每仓石价银八钱九分至一两一钱三分，与上月
相同；稗米每仓石价银三钱七分至五钱八分，较上月贵一分。

大定府属，价中。上米每仓石价银五钱五分至一两三分，与上
月相同；中米每仓石价银五钱二分至一两，与上月相同；稗米每
仓石价银三钱五分至六钱九分，较上月贵一分。查大定府属惟威
宁州地方上米每仓石价银一两六钱七分，中米每仓石价银一两六
钱四分，因该州不产稻米，历系商贩运往粜卖，是以较他处稍昂，
其价值与上月相同。

遵义府属，价平。上米每仓石价银七钱八分至九钱四分，与上
月相同；中米每仓石价银七钱五分至九钱一分，与上月相同；稗
米每仓石价银三钱九分至六钱，与上月相同。

都匀府属，价中。上米每仓石价银八钱二分至一两二钱六分，

与上月相同；中米每仓石价银七钱九分至一两二钱三分，与上月相同；稗米每仓石价银三钱八分至七分六分，与上月相同。

镇远府属，价中。上米每仓石价银一两一钱七分至一两二钱五分，与上月相同；中米每仓石价银一两一钱四分至一两二钱二分，与上月相同；稗米每仓石价银五钱一分至八钱四分，较上月贵一分。

思南府属，价中。上米每仓石价银一两三分至一两七分，与上月相同；中米每仓石价银一两至一两四分，与上月相同；稗米每仓石价银四钱三分至五钱二分，较上月贵一分。

石阡府属，价中。上米每仓石价银一两四分至一两二钱，与上月相同；中米每仓石价银一两一分至一两一钱七分，与上月相同；稗米每仓石价银五钱三分至八钱五分，与上月相同。

思州府属，价中。上米每仓石价银一两二钱三分至一两三钱九分，较上月贵一分；中米每仓石价银一两二钱至一两三钱六分，较上月贵一分；稗米每仓石价银五钱八分至六钱三分，与上月相同。

铜仁府属，价中。上米每仓石价银一两一钱七分，与上月相同；中米每仓石价银一两一钱四分，与上月相同；稗米每仓石价银五钱三分，与上月相同。

黎平府属，价中。上米每仓石价银一两一钱三分至一两五钱一分，与上月相同；中米每仓石价银一两一钱至一两四钱八分，与上月相同；稗米每仓石价银五钱五分至一两，与上月相同。

平越直隶州属，价平。上米每仓石价银八钱四分至九钱，较上月贵一分；中米每仓石价银八钱一分至八钱七分，较上月贵一分；稗米每仓石价银三钱九分至五钱三分，与上月相同。

普安直隶同知属，价平。上米每仓石价银九钱九分，与上月相同；中米每仓石价银九钱六分，与上月相同；稗米每仓石价银五钱五分，与上月相同。

仁怀直隶同知属，价平。上米每仓石价银九钱二分，较上月贵一分；中米每仓石价银八钱九分，较上月贵一分；稗米每仓石价银四钱八分，与上月相同。

松桃直隶同知属，价中。上米每仓石价银一两五钱一分，与上月相同；中米每仓石价银一两四钱八分，与上月相同；稗米每仓石价银九钱一分，与上月相同。

朱批：览。

奏报黔省道光二十五年七月收捐监生银数事

道光二十五年八月二十四日

臣罗绕典跪奏：再，各省捐监银数，恭奉谕旨："随同粮价每月具奏。钦此。"又准部咨，捐监银俟收至三万两，即行解部，续收三万两归补封贮。等因。查黔省自嘉庆五年开捐起，至道光二十二年十一月止，共收捐监银五十二万二千三百九十两，内解交部库银二十三万四千一百七十两，归补封贮银二十八万八千二百二十两。其封贮项下，除买补硝磺、铅斤支发银一百七十一两零，拨解云南壬寅年铜本兵饷银二十五万两，拨充贵州癸卯年兵饷银三万七千两外，实存银一千四十八两零。计未补封贮分贮银三十三万九千九百五十一两零。二十二年十二月至二十五年六月，收捐监银三万四千三百四十四两，拨解部库银一万四千二百两，实存银二万一百四十四两。七月分报捐监生十二名，收银一千二百九十六两，共收存藩库银二万一千四百四十两。俟收足三万两即行解部交纳。理合附片陈明，伏乞圣鉴。谨奏。

朱批：户部知道。

奏报黔省道光二十五年秋成分数事

道光二十五年八月二十四日

护理贵州巡抚布政使臣罗绕典跪奏：为恭报秋成分数，仰祈圣鉴事。窃照黔省跬步皆山，田亩半居山阜，全赖雨泽频沾，方足以资长发。本年入夏以来，仰托圣主福庇，雨旸应候，高下田畴得以乘时树艺，山头地角亦皆遍种无遗。交秋以后，各属雨水调匀，禾稻杂粮一律铺菜垂颖，兹已次第成熟，陆续登场。据兼署布政使吴振棫查明通省秋成分数，开单汇报前来。臣逐加察核黔省府厅州县及州同州判县丞共七十五处，内有九分收成者十处，八分收成者六十三处，七分收成者二处，通省收成合计八分有余。现在粮价平减，民情欢豫，洵堪仰慰圣怀。除照例造册，另疏题报外，理合恭折奏闻，并缮呈秋成分数清单，伏乞皇上圣鉴。谨奏。

朱批：览。

奏报审明教犯李元俸案事

道光二十五年八月二十四日

护理贵州巡抚布政使臣罗绕典跪奏：为拿获传经授徒、惑众敛钱匪犯，审明定拟，恭折奏祈圣鉴事。窃照贵阳府贵筑县等访获传经授徒之民人李元俸与听从拜师之高琦等十二名，并起获《无生老母经》及《愿忏开示》等经，臣当将查讯大概供情，据实奏闻在案。兹据兴义、安顺等府州县续获传徒拜师之李兴潮、郭正帮等二十九名解省，起获经本，核与李元俸等经本字句相同，并无违悖字样。经委员贵阳府知府周作楫提同前获各犯审拟，由兼署藩司事臬司吴振械覆审详解前来。臣随亲提研鞫，缘李元俸、李兴潮均因身弱多病，向来茹素，念诵佛经。道光二十五年正月内，李元俸路遇云南人史青、赵方位同行，史青说及供奉无生老母，茹素念经，坐功运气，修炼清真大道，可以却病延年。李元俸即送给拜师钱三千文，史青当传给《无生老母》《愿忏开示》等经各一本，运气歌诀一张，又教令坐功运气法则，并给与法堂添恩名号。李元俸回家照依供奉诵习。五月间，李元俸因贫起意传徒授经骗钱。旋有认识之高琦、田淙魁、傅潮希、田庆亨、蔡老三至伊家探望，李元俸诱称修炼清真大道，吃素念经，可以获福。高琦等信从，各送给拜师钱二千文及五六百文不等，即在李元俸家随同礼拜无生老母，念经运气。李元俸抄给高琦《无生老母》等经卷，嘱令收藏念诵，田淙魁等均未给与经卷各散。嗣李元俸又邀杨瑞庭、李七十、王汶经、邹学本、邹学珍、萧荣方、阎之礼、曾云陇习道吃素念经，杨瑞庭等因无钱，未经拜师，仅允吃素，李元俸亦未传经。

李兴潮于三月间赴滇，与史青会遇，各谈经卷。史青仍以习道念经能消灾获福相劝。李兴潮送给拜师钱一千文，史青传给《无生老母》等经各一本，口授运气歌诀，并给与首堂添恩名号。李兴潮回家念诵，坐功运气。五月内有郭正帮、陈大亮、刘淙保、杨双淋、陈裕先、任世翰、任闻线、万六、何银、傅潮方、田庆甫、刘浩然、朱添爵、杨志仁先后至李兴潮家闲坐，李兴潮即起意诱令学习清真大道，借此骗钱，当将史青传给经本告知，令郭正帮等修道念经，襄灾祈福。郭正帮等均拜从为师，即在李兴潮家礼拜无生老母，念经运气，后又劝令王德用、王德富、赵应海、刘昆田、张耳升、杨士考、龙胡、秦六忘、田淙录、游濂、唐老大、唐老二、杨化骄、闵德元学习，王德用等仅允吃素，当各走去。李兴潮抄给郭正帮、陈大亮《无生老母》《愿忏开示》等经各一本，嘱令转传可以获利。郭正帮、陈大亮每人送钱二千文，刘淙保等各送给钱四五百文。此李元俸、李兴潮各自起意诈称修道拜师传徒茹素念经骗钱之原委也。

臣以该犯李元俸、李兴潮各自传经授徒谅不止高琦等数人，并恐有兴立教会名目及违悖不法重情，史青既传给经本歌诀，应必告知住处，以便日后往来，且陕、甘、湖北等省均有匪徒习教传徒，滇省亦有夏致温传教之事，李元俸等难保不联为一党，互相煽惑。复向严诘，据李元俸、李兴潮坚称，伊等回家未久，是以传徒不多，并无另有拜习之人。授经止图骗钱，实未立有教会名目，亦无违悖不法情事。伊等与史青均系在途会遇，未经久聚，但知为云南人，其实在住址，未经细问。至滇省夏致温及各省教匪均不认识，并非同党，委无勾结情弊。加以刑吓，矢口不移，案无遁饰。

此案李元俸、李兴潮听从史青传习经本，各自起意骗钱传徒念经运气，虽无教会名目，惟供奉无生老母，即与飘高老祖无异。其将《无生老母》等经辗转传习，煽惑多人，并诈称修炼清真大道，亦与兴立教会相同，自应比例问拟。李元俸、李兴潮均请比照传习各项教会名目并无咒语但供有飘高老祖及拜师授徒者发往乌鲁木齐为奴例，发往乌鲁木齐为奴。高琦拜李元俸为师，郭正帮、陈大亮拜李兴潮为师，各供奉无生老母，收藏经本诵习，高琦、郭正帮、陈大亮均合依传习各项教会名目虽未传徒或曾供奉飘高老祖及收藏经卷者俱发边远充军例，发边远充军。田淙魁、傅潮希、刘淙保、陈裕先、杨双淋、任世翰、任闻线、万六、何银、傅潮方、田庆甫、刘浩然、朱添爵、杨志仁各拜从李元俸、李兴潮为师，念经运气，即属为从，均于李元俸等遣罪上减一等，各杖一百，徒三年。杨瑞庭、李七十、王汶经、萧荣方、阎之礼、邹学本、邹学珍、曾云陇、王德用、王德富、赵应海、刘昆田、张耳升、杨士考、龙胡、秦六忘、田淙录、游潍、唐老大、唐老二、杨化骄、闵德元讯未拜师念经，惟听从茹素，各照不应重律，杖八十。该犯等虽事犯在道光二十五年五月二十四日清刑恩旨以前，到官在后，且系拜师传徒匪犯，均不准其减免。遣犯李元俸、李兴潮俱照例刺字，遇赦不赦。军犯高琦等照例刺字，到配杖一百，与徒犯各折责安置。杨瑞庭等杖责发落。逸犯田庆亨等缉获另结。李元俸、李兴潮所得钱文照追入官，起获经本案结销毁。仍通饬各属实力查拿，如有此等匪犯，即严拿惩办，以期净绝根株。此案系贵阳等府州县自行访闻会营查拿，获犯究办，该管文武各官失察处分应请邀免。除供招咨部外，所有拿获传经授徒各犯审明定拟缘由，理合恭折具奏，伏乞皇上圣鉴，敕部议覆施行。谨奏。

朱批：刑部议奏。

奏报来黔传教之史青一犯已经滇省拿获事

道光二十五年八月二十四日

臣罗绕典跪奏：再，正在缮折间，适调任福建巡抚臣吴其濬由滇过黔，询知来黔传教之史青一犯已经滇省拿获。合并附陈。谨奏。

朱批：览。

奏为恭报微臣交卸抚篆仍回藩司
本任日期叩谢天恩事

道光二十五年九月初一日

贵州布政使臣罗绕典跪奏：为恭报微臣交卸抚篆仍回藩司本

任日期，叩谢天恩，仰祈圣鉴事。窃臣于本年五月二十九日护理贵州巡抚印务，当经具折谢恩。接篆以来，弥深感悚，一切整饬地方、训练营伍各事宜，尽心经理，将及三月，惟恐稍涉因循。兹新任抚臣乔用迁于八月二十七日到黔，臣谨将巡抚印务赍交，即于是日准兼署藩司吴振棫移交贵州布政使印信前来。臣恭设香案，望阙叩头，祗领任事。伏念臣湘南下士，才识庸愚，渥荷逾格圣恩，由词垣特授山西平阳府知府，升任陕西督粮道、山西按察使，洊擢今职。受恩深重，未效涓埃，今回藩司本任，臣惟有实力实心，倍加奋勉，凡事禀商抚臣，认真办理，以期仰报高厚鸿慈于万一。除将交卸抚篆日期恭疏题报外，所有微臣感悚下忱，理合缮折具奏，伏乞皇上圣鉴。谨奏。

朱批：览。

奏为任事三年期满恭请陛见事

道光二十七年三月二十二日

贵州布政使臣罗绕典跪奏：为微臣三年期满，循例恭请陛见，仰祈圣鉴事。窃臣于道光二十四年二月蒙恩补授贵州布政使，四月请训。陛辞出都，旋即赴黔任事，至今已届三年。伏念臣湘楚庸材，知识浅陋，由翰林院编修叠荷特恩，简擢府道、臬司，洊升黔藩。二十五年五月奉旨护理贵州巡抚，八月交卸回任。夙夜冰兢，时以弗克胜任为惧。现在钱粮奏销业经办毕，兼幸民苗安辑，旸雨应时，合无仰恳天恩，准臣入京陛见。一俟恭奉朱批，即当交卸，趋赴阙廷，恭聆训诲，庶遂就瞻之愿，稍申依恋之诚。所有微臣三年期满循例请觐缘由，理合缮折具奏，伏乞皇上圣鉴。谨奏。

朱批：下届再行奏请。

奏报接署抚篆日期事

道光二十八年十二月初一日

署理贵州巡抚布政使臣罗绕典跪奏：为恭报接署抚篆日期叩
谢天恩，仰祈圣鉴事。窃臣接抚臣乔用迁行知，准吏部公文，道
光二十年九月二十三日内阁奉上谕："乔用迁奏请陛见一折，乔用
迁着准其来京陛见，贵州巡抚着罗绕典署理。钦此。"随于十二月
初一日准抚臣将巡抚关防并王命旗牌、文卷、书籍委员赍送前来。
臣当即恭设香案，叩头谢恩，祇领任事。伏念臣才识谫陋，屡荷
特旨，由编修简放山西平阳府知府，洊擢陕西督粮道、山西按察
使，升任今职。二十五年五月，前抚臣贺长龄升任云贵总督，奏
委臣护理贵州巡抚，八月卸事回任。黔南五载，未效涓埃，方深
兢惕，兹复恭承恩命，署理抚篆，材轻任重，恐弗克胜。查黔省
为苗疆重地，安民察吏，整饬营伍，在在均关紧要，臣惟有倍加
勤慎，殚竭愚诚，事事实心经理，断不敢因暂时署任，稍涉因
循，以期仰副圣主绥靖边疆之至意。除将接篆日期恭疏题报外，
所有微臣感激下忱，谨缮折叩谢天恩，伏乞皇上圣鉴。谨奏。

朱批：知道了。

奏报查明黔省分贮银两并将常平仓谷价催提藩库事

道光二十八年十二月二十日

署理贵州巡抚布政使臣罗绕典跪奏：为遵旨查明分贮银两，

并将常平仓应存谷价勒限催追，提贮藩库，以归核实，恭折奏祈圣鉴事。窃臣接准户部咨，道光二十八年十月二十一日内阁奉上谕："给事中张修育奏请查各直省分贮银两，又请将各直省州县存谷价银酌归藩库，各一折，着各直省督抚府尹悉心核议，自行专折具奏，原折二件并发。钦此。"仰见我皇上于足国裕民大计，宸虑周详，无微不至。臣忝任黔藩，业经五载，时将库贮核实勾稽，仓储力催买补，深恐各属辽阔，查察难周，不敢稍为怠忽。溯查分贮属库银，乾隆二十四年咨案计存四万一千余两，后因六十年铜兴军需案内动拨作正开销，尚未筹补，别无分贮之款。至常平仓谷，黔省山多田少，积贮为重，办理尚属认真。但谷存在仓，只可备一处之赈粜，银存在库，更可备他处之转移，是谷价提贮司库，尤为至要。兹奉圣谕谆谆，随即转行去后，据署藩司孙起端、署粮储道朱德璜议详前来。臣覆查通省额贮常平仓谷二百万石，又历年各官捐输溢额谷二万五千余石。道光三年清查案内，亏缺谷至五十九万四千余石之多，自三年起至十一年已全数买补完足，经前抚臣嵩溥奏咨有案。嗣于十七年前藩司庆禄复查出各属历任霉变、折耗、平粜、被水、参追等案只存谷价者，共合缺谷一十九万一千三百余石，详明勒限买补。以后十余年中陆续结报，虽有成数可稽，然臣愚以为仓储折耗、霉变等事，旋补旋亏，在所时有，若仅凭司中节年之档册，则新亏者一概混入旧案，作为实存计算，断难核实。且各属所领谷价倘有那用，难免以社义各仓等谷牵混弥缝，必多不实不尽。惟有札饬各属，将未经买补报收之谷概行停买，勒限提银到司，一面细加查察，并核以交代盘查实据，总以非谷在仓、即银在库为断，自非一时所能遍查，请俟勒限三个月，饬令该管道府直隶州核明所属存谷若干，存银若干，先将应存谷价一律提贮，藩库不准丝毫短绌，倘有朦混捏报，及谷价延不解交者，臣即严参惩办。容俟清查实存银谷确数另行奏报外，理合会同督臣林则徐恭折具奏，伏乞皇上圣鉴。谨奏。

朱批：知道了。

奏为遵查人犯呵里雅在监安静事

道光二十八年十二月二十日

臣罗绕典跪奏：再，道光八年五月十四日，奉旨："呵里雅系例应缘坐之犯，毋庸在刑部监禁。着发往贵州，在该省按察司监内永远监锢，毋许与外人交接，及传递信息等事。每届年终，该臬司将该犯在监是否安静禀详巡抚，具奏一次。钦此。"遵查呵里雅于道光八年八月初五日准兵部递解到省，当即发交按察司验明收禁，永远监锢。每届年终，将该犯在监安静奏明在案。兹据署臬司孙起端查明，该犯呵里雅在监安静，并无与外人交接及传递信息情事，详报前来。臣覆查无异。除饬随时查察外，所有呵里雅在监安静缘由，现届年终，理合附片具奏，伏乞圣鉴。谨奏。

朱批：览。

奏为访察贵州学政翁同书考试无弊事

道光二十八年十二月二十日

署理贵州巡抚布政使臣罗绕典跪奏：为访查学政考试无弊，恭折奏祈圣鉴事。恭照乾隆五十三四等年节次钦奉上谕："饬令各督抚于每届年终，将该省学政有无劣迹，及考试有无弊窦，士子舆论是否翕服之处，据实奏闻。钦此。"道光二十七年五月十二日奉上谕："各该督抚等务宜破除情面，认真访查，如该学政等不公不勤，或徇私坏法，以及约束幕友、家丁、胥吏人等不能严肃，甚至精神疲敝，不能振作，有玷厥职，均着该督抚等秉公具奏，不得仍以空言塞责。等因。钦此。"遵查贵州学政翁同书于本年十月二十日到任，即科试贵阳府属生童，并考试选拔诸生。臣留心察悉，其场规严肃，校阅精勤，去取极为公允。从前红案陋规，早经禁革。幕友家人，约束严密，并无招摇宽纵诸弊。并常训饬诸生，勉敦实行，不得干预外事，士论翕然。遍询府县教职各官，所见相符，毫无物议。省城试竣，后随赴遵义府考试，沿途关防一律谨严。闻其到郡后，扃试认真，亦与省城无异。计腊底即可旋省。明年接试安顺、大定、兴义、都匀、思南各府及平越直隶州，臣仍随时密访，如该学政偶有徇私疲玩劣迹，及声名平常之处，即据实参奏，断不敢瞻顾情面，稍涉徇隐。所有访查学政现在考试无弊缘由，理合恭折具奏，伏乞皇上圣鉴。谨奏。

朱批：*何必为此应典之举，着发还。*

奏为密陈黔省道府各员考语事

道光二十八年十二月二十日

署理贵州巡抚布政使臣罗绕典跪奏：为遵例出具道府考语，恭折密陈，仰祈圣鉴事。窃照定例，每届年终，各督抚应将两司道府居官政绩密行陈奏，历经遵办在案。黔省民苗杂处，除莠安良，尤以得人为要。臣恭承恩命，署理抚篆，虽未及一月，而在藩司任内已有五年。自顾识陋才庸，惟有随事先求核实于僚属贤否，时常细加体访。凡因公接见，及所办案件逐一察看，并旁采舆论，务求真确，以冀稍竭愚诚。现届年终，不敢因权篆未久，代为隐饰，自干咎戾。查臬司武棠尚未到黔，其余道府各员，臣仅就管见所及，分晰填具，切实考语，恭缮清单密陈御览，伏祈皇上圣鉴。谨奏。

朱批：既非实任巡抚，即可无庸此举。且署篆甚暂，单开各员无非不关痛痒，一片好话，无谓之至。着发还。

呈黔省道府各员考语清单

道光二十八年十二月二十日

谨将黔省道府密考开列清单，恭呈御览：

计开署藩司事粮储道孙起端，安徽进士，年五十八岁。该员识沉力定，干练老成，虑事周详，办事勤慎，于用人理财务求核实，不肯稍涉依违。

署臬司事贵西道福连，正蓝旗满洲监生，年五十一岁。该员持躬端谨，办事精详，整顿地方，皆能实心实力。在贵西经理铅务，日见起色。

兼署粮储道事贵阳府知府朱德璲，广西进士，年五十六岁。该员实心任事，仕黔最久，熟悉民苗情形，经理周妥。发审之案，均能尽心推鞫。

贵东道周作楫，江西进士，年五十九岁。该员性情平易，办事细心，足资静镇。

署贵西道事思州府知府祝祜，河南进士，年四十一岁。该员事有断制，干练精明，整饬地方，不遗余力，操守亦极洁清。

署安顺府事试用知府胡林翼，湖南进士，年三十七岁。该员勤奋有为，力求整顿。署篆一年，于缉捕催科诸事，办理认真。

兴义府知府张瑛，直隶举人，年五十六岁。该员才具开展，听断勤能，民苗翕服。

大定府知府黄宅中，山西进士，年五十二岁。该员心勤力果，识练才长，听断明速，操守洁清。整顿繁剧之区，民苗爱戴。

遵义府知府陈光兰，浙江进士，年五十岁。该员才具中平，黾勉办公，属境安静。

都匀府知府鹿丕宗，直隶拔贡，年五十六岁。该员谨饬安详，尽心办事，官民相安。

镇远府知府廖惟勋，江苏进士，年四十五岁。该员才识明敏，办事克勤，属境夷苗杂处，督捕认真。

思南府知府左逊，山西举人，年四十八岁。该员听断平允，任事实心，正己率属，经理得宜。

石阡府知府福奎，镶黄旗满洲举人，年六十岁。该员勤慎办公，尚知自爱，所辖仅龙泉一邑，照料能周。

署思州府事古州同知赵亨钤，直隶进士，年五十七岁。该员老成练达，勤于职守，深洽舆情。

铜仁府知府王成璐，湖北进士，年四十七岁。该员吏才素裕，随事留心，奋发有为，足资表率。

署黎平府事安顺府知府常恩，镶白旗满洲监生，年四十二岁。该员年力强盛，勤奋有为。黎平本难治之区，弥盗安良，经理妥协。

奏报查禁私铸及行使小钱情形事

道光二十八年十二月二十日

署理贵州巡抚布政使臣罗绕典跪奏：为遵旨查禁私铸及行使小钱，现届年终，恭折奏祈圣鉴事。窃照道光十年暨十五六等年节次钦奉谕旨："查禁私铸掺和及钱局炉头工匠人等不准另铸底火小钱，责成各州县访拿究办，并于年终出具境内并无私铸及行使小钱印结，详报督抚具奏一次。等因。钦此。"查私铸小钱最为圜法之害，黔省界连滇、粤、川、楚，商贩络绎，其附近铜铅厂地又皆箐密林深，难免匪徒潜匿铸造，奸犯牟利销售，经纪铺户掺和行使等弊。臣在藩司任内屡经饬属设法查拿，并饬贵阳、大定两府钱局各官严禁炉头工匠人等于额铸饷钱之外不准另铸底火小钱，有犯即惩。提验局铸卯钱，分两俱照定式，尚无偷减铜铅之事，照例另行报部。兹据各府厅州县具报访拿境内并无私铸及行使小钱，出具印结，由该管府州加结，申司核详前来。惟是私铸私贩积弊已深，现因缉拿严紧，虽知敛迹，而查察稍疏，即难保不故智复萌。臣仍饬所属实力搜查，务使奸匪无从隐匿，倘地方文武各官视为具文，任听匪徒私铸私贩，兵役包庇贿纵，或炉匠另铸底火小钱掺和行使，立即严参治罪，以肃钱法而杜弊端。除将送到印结咨部查核，并催取未到各结另咨外，所有遵旨查禁缘由，现届年终，理合恭折具奏，伏乞皇上圣鉴。谨奏。

朱批：知道了。

奏报黔省道光二十八年十一月雨雪粮价情形事

道光二十八年十二月二十日

署理贵州巡抚布政使臣罗绕典跪奏：为敬陈十一月分雨雪粮价情形，仰祈圣鉴事。窃照本年十月分雨雪应时，粮价平减，业经抚臣乔用迁恭折奏报在案。兹查省城于十一月十三日得雨，十四日微雪旋下旋融，不成分寸，二十二日、二十五日均得微雨，二十六日续沾雪泽，积厚寸许，其余皆阴晴相间。据贵阳、安顺、兴义、大定、遵义、都匀、镇远、思南、石阡、思州、铜仁、黎平十二府，平越直隶州暨所属厅州县并普安、松桃两直隶厅陆续禀报，十一月初七、十一、十三、十四、十五、十八、二十六、二十八九等日先后得雪，积厚一二寸至四五寸不等。各属具报晴雨，核与省城大略相仿。土膏屡经润泽，豆麦渐次青葱。通省粮价有与上月相同者，有较为平减者。臣察看苗疆安静，民气恬纾，理合据实奏闻，并缮呈十一月分粮价清单，伏乞皇上圣鉴。谨奏。

朱批：知道了。

奏报黔省道光二十八年十一月收捐监生银数事

道光二十八年十二月二十日

臣罗绕典跪奏：再，各省捐监银数，向例随同粮价每月具奏。又准部咨，捐监银俟收至三万两即行解部，续收三万两归补封贮。等因。查黔省自嘉庆五年开捐起，至道光二十二年十一月止，共收捐监银五十二万二千三百九十两，内解交部库银二十三万四千一百七十两，归补封贮银二十八万八千二百二十两。其封贮项下，除制补缺额火药、铅丸，购买硝磺、铅斤，支发银一百七十一两零，拨解云南壬寅年铜本兵饷银二十五万两，拨充贵州癸卯年兵饷银三万七千两外，实存银一千四十八两零，计未补封贮分贮银三十三万九千九百五十一两零。道光二十二年十二月起，至二十八年十月，收捐监银六万九千九百六十六两，先后解交部库银六万三千二百两，实存银六千七百六十六两。十一月分报捐监生七名，收银七百五十六两，共收存藩库银七千五百二十二两。理合附片陈明，伏乞圣鉴。谨奏。

朱批：户部知道。

奏为撤任留缉青溪县知县李克勋限内
拿获首伙各犯请照旧差委事

道光二十九年正月二十八日

署理贵州巡抚布政使臣罗绕典跪奏：为撤任留缉之知县限内拿获首伙各犯，尚知愧奋，恳恩俯准照旧差委事。窃照委署台拱同知青溪县知县李克勋，前于青溪县任内，因生员曾善诱等被贼抢夺拒伤，并将脚夫杨满拒毙，犯无弋获，奏请撤任留缉。钦奉谕旨："李克勋着即撤任，留于失事地方协同现署之员，勒限两个月，务将首伙贼犯拿获惩办。等因。钦此。"遵查该员李克勋，于上年十一月初七、八等日协同现署青溪县郝松龄督率兵役，缉获贼犯杨万顺、王大五、陈代名、张老八、杨玩松、杨毛伢崽六名，起获原赃衣物给事主认领。提犯讯明，同伙八人，系王大五起意纠抢，刃伤事主周启帼，平复，杨万顺拒伤脚夫杨满毙命。杨玩松、杨毛伢崽俱带病进监身故，将杨万顺等解省，委员审拟，由司覆审明确。杨万顺、王大五先后在贵筑县监患病，医治不效，病故。委员验报，现犯陈代名、张老八，经臣按律定拟咨部，计自上年九月二十一具奏之日起，扣至十一月二十一日两个月限满，缉获首伙贼犯六名，仅止伙贼二名未获，仍饬上紧严拿。该员李克勋撤任留缉，后已于限内获犯过半，兼获纠抢首犯、拒捕凶贼，尚知愧奋，可否免其再行留缉，照旧委差之处，出自天恩。据署两司具详前来。理合会同督臣林则徐恭折具奏，伏乞皇上圣鉴。谨奏。

朱批：另有旨。

奏为遵义府知府陈光兰难资表率请送部引见等事

道光二十九年正月二十八日

40

署理贵州巡抚布政使臣罗绕典跪奏：为知府难资表率，请旨送部引见，并将才难治剧之知州、年力就衰之知县分别改简勒休，以肃吏治事。窃照知府有表率属员之责，州县为亲民之官，必须年强才优，办事详慎，方足以资治理。查遵义府毗连川省，管辖五州县，民刁讼繁，素称难治。现任遵义府知府陈光兰，年五十一岁，浙江监生，由县丞随赴回疆军营，办理文案出力，保奏补甘肃平番县，升安西直隶州知州，补授今职。该员才具中平，从前遇事尚知奋勉，于地方力加整顿，近来渐形竭蹶，难资表率。又，署开州知州陈鏊，年六十二岁，顺天举人，大挑知县，掣签贵州，补贵定县，升定番州知州，终养服满到黔，委署今职。该员年力尚健，惟才识迂拘，将来按例坐补繁缺，人地不宜，未便稍事迁就。又，署安南县知县于存保，年六十四岁，镶红旗汉军文生员，又由布政司库大使升荔波县知县，委署今职。该员精力已衰，难期振作。并据署两司具详前来。相应请旨，将遵义府知府陈光兰送部引见，署开州事坐补定番知州陈鏊改补简缺，照例送部引见，署安南县事荔波县知县于存保勒令休致，以肃吏治。再，遵义府知府员缺，例应请旨简放。该员于存保所遗荔波县系苗疆要缺，容另拣员请补。除委员接署开州等缺印务，并查明各该员有无经手未完事件核实办理外，理合会同督臣林则徐恭折具奏，伏乞皇上圣鉴。谨奏。

朱批：另有旨。

奏报工程赔项已未完银数事

道光二十九年正月二十八日

署理贵州巡抚布政使臣罗绕典跪奏：为查明工程赔项已未完银数，开单恭折奏祈圣鉴事。窃照道光十六年七月十八日奉旨："工部应缴工程赔项，着各该督抚将应追各款分别已完未完各数目，年终汇奏一次，仍着造册送部，以凭稽核，其奏报迟延及督催不力各职名，一并随案附参，以示惩儆。等因。钦此。"遵查黔省应缴工程赔项，各员已未完银数按年开单奏报在案。道光二十八年分工部咨追项下，前任河南汜水县知县曹德扬修理监狱，核减银一百三十四两零，当于该故员之子曹锦署教职俸薪内扣收银四十五两零，尚未完银八十八两零。因曹锦已故，查明家产尽绝，无力完缴，其历过教职任所，并无资财隐寄。取结分咨，接准河南抚臣咨覆，曹德扬历过任所，查无资财隐寄，并准部覆照例办理，应另行题请豁免。又，前任浙江杭嘉湖道何学林，署藩司任内分赔修造艇船工料银二千二百九十两零。该故员之子何正机由广东知县缘事革职发遣，业已病故。查明家本赤贫，无力完缴。咨查历过浙江、广东等省任所有无资财隐寄，取结办理。又，前任福建莆田县知县王廷葵修理考棚，核减银三十二两零。查明该故员家属赤贫如洗，咨查历过福建任所有无资财隐寄，取结办理。以上共咨追银二千四百五十七两零，已完银四十五两零，未完银二千四百一十一两零。据署藩司孙起端造册具详前来。臣覆查无异。除册送部稽核，并饬取督催不力职名另行咨部查议外，理合开缮清单，恭折具奏，伏乞皇上圣鉴。谨奏。

朱批：该部知道。单并发。

奏报黔省道光二十八年应征地丁正耗钱粮已未完解数目事

道光二十九年正月二十八日

42

　　署理贵州巡抚布政使臣罗绕典跪奏：为查明道光二十八年黔省应征地丁正耗钱粮截至年底已、未完解数目，遵例奏祈圣鉴事。窃照定例，每年额征钱粮，上忙征过若干，下忙征过若干，各未完若干，其已完州县共应留支若干，实应解存司库报部若干，向由藩司分款造册详报督抚查核具奏，耗羡等银随同正项钱粮归入上下两忙，一并册报。查黔省征收钱粮，定限九月开征，以年底完半，为上忙，次年三月全完，为下忙。道光二十八年地丁正耗钱粮，臣于九月开征之时，饬属上紧征解。兹据署藩司孙起端查明，上忙已、未完各数造册请奏前来。臣覆加查核，黔省各属应征道光二十八年地丁等银一十二万一千六百六十四两零，耗羡并耗米、官租、变价共银二万五千六百五十六两零，内除例准改征米石并存留坐支外，应起解司库地丁等银六万四千二百七十八两零。截至年底止，已完解司库银五万九千五百七十六两零，未完银四千七百二两零。又应起解司库耗羡等银七千四百二十二两零，截至年底止，已全数完解清楚。其未完地丁等银，节经严饬催征，务于三月内依限扫数完解。现在属库并无已征未解之项。除清册送部外，所有上忙地丁钱粮已、未完解数目，理合遵例恭折具奏，伏乞皇上圣鉴。谨奏。

　　朱批：户部知道。

奏请郎汝琳调补贵筑县知县事

道光二十九年正月二十八日

　　署理贵州巡抚布政使臣罗绕典跪奏：为省会首邑要缺需员，恳恩俯准调补，以重地方事。窃照贵筑县知县汪申禄题升仁怀直隶同知，接准部覆，所遗系冲、繁、难兼三要缺，例应在外拣调。该县为省会首邑，政务殷繁，必须廉明干练之员，方资整饬。臣与署两司于通省知县内逐加遴选，查有湄潭县知县郎汝琳，年五十二岁，山西监生。由直隶布政司库大使升良乡县知县。丁父忧，服满发往湖南，补新化县。丁母忧，服满引见。奉旨："郎汝琳着发往贵州，以知县差遣委用。钦此。"因剿办仁怀逆匪迅速，在事出力，奉旨："赏戴蓝翎。钦此。"题补今职。道光十九年十二月十八日到任，二十七年大计卓异。该员才识通达，听断勤明，历俸已满三年，请以调补贵筑县知县，洵堪胜任。惟湄潭县亦系繁、疲、难兼三要缺，以繁调繁，与例稍有未符，而该员系要缺更调附省首邑，委非另有不合例事，故且人地实在相需，例得专折奏请。合无仰恳圣恩，伏念省会首邑需员，准以湄潭县知县郎汝琳调补贵筑县，实于地方有裨，仍请旨敕部核覆。如蒙俞允，该员衔缺相当，照例毋庸送部引见。系初调之员，罚俸处分，例免核计。其所遗湄潭县要缺，另行拣员请调。理合会同督臣林则徐恭折具奏，伏乞皇上圣鉴。谨奏。

　　朱批：另有旨。

奏为委令赵鸿吉署理贵定县知县事

道光二十九年正月二十八日

臣罗绕典跪奏：再，署贵定县事湄潭县知县郎汝琳，现经奏请调补贵筑县，应令该员先行署理贵筑县印务，以专责成。所遗贵定县缺，路当孔道，政务颇繁，查有广顺州知州赵鸿吉堪以委署。并据署两司具详前来。除饬遵外，理合会同督臣林则徐附片陈明，伏乞圣鉴。谨奏。

朱批：览。

奏报黔省道光二十八年十二月雨雪粮价情形事

道光二十九年正月二十八日

署理贵州巡抚布政使臣罗绕典跪奏：为敬陈十二月分雨雪粮价情形，仰祈圣鉴事。窃照上年十一月分黔省雨雪普沾，粮价平减，臣已恭折奏报在案。兹察省城于十二月二十三日、二十四日均沾雨泽，余皆阴晴相间。并据安顺、大定、镇远、思南四府，平越直隶州暨所属厅州县陆续申报，十二月初六、初八、初十、十五、二十四等日先后得雪，积厚一二寸。各属具报晴雨情形，核与省城大略相仿。雨雪优沾，土膏滋润，豆麦一律青葱。通省粮价有与上月相同者，有较为平减者。臣查看民苗安静，四境恬熙，理合据实奏闻，并缮呈十二月分粮价清单，伏乞皇上圣鉴。谨奏。

朱批：知道了。

奏报黔省道光二十八年十二月收捐监生银数事

　　臣罗绕典跪奏：再，各省捐监银数向例随同粮价每月具奏。又准部咨，捐监银俟收至三万两即行解部，续收三万两归补封贮。等因。查黔省自嘉庆五年开捐起，至道光二十二年十一月止，共收捐监银五十二万二千三百九十两，内解交部库银二十三万四千一百七十两，归补封贮银二十八万八千二百二十两。其封贮项下，除制补缺额火药、铅丸，购买硝磺、铅斤支发银一百七十一两零，拨解云南壬寅年铜本兵饷银二十五万两，拨充贵州癸卯年兵饷银三万七千两外，实存银一千四十八两零，计未补封贮分贮银三十三万九千九百五十一两零。道光二十二年十二月起至二十八年十一月，收捐监银七万七百二十二两，先后解交部库银六万三千二百两，实存银七千五百二十二两。十二月分报捐监生十名，收银一千八十两，共收存藩库银八千六百二两。理合附片陈明，伏乞圣鉴。谨奏。

　　朱批：户部知道。

奏请廖惟勋调补贵阳府知府事

　　云贵总督臣林则徐、署理贵州巡抚布政使臣罗绕典跪奏：为省会知府要缺遵旨另行拣员调补恭折奏祈圣鉴事。窃照贵阳府员缺，前经奏请，仍以黎平府知府朱德璲调补。接准吏部咨，以该员边俸未满八年，又系出缺在先，与例不符，应令另捡合例人员请调。奉旨："依议。钦此。"遵查贵阳府为省会首郡，管辖一厅七州县。地广政繁，时有发审案件，必须明干之员，方足以资治理。臣等率同署两司于黔省知府内复加遴选，查有镇远府知府廖惟勋，年四十六岁。江苏进士，由编修补授今职，道光十九年四月到任，二十四年大计卓异，二十七年题报苗疆八年俸满，给咨赴部引见。奉旨："廖惟勋着回任，准其卓异加一级，仍注册候升。钦此。"该员才识练达，任事实心，以之请调贵阳府，实堪胜任，惟现任镇远府亦系苗疆要缺，以繁调繁，与例稍有未符，而贵阳府尤为紧要，人地实在相需，例得专折奏请，合无仰恳圣恩，俯准将廖惟勋调补贵阳府知府，洵于首郡要缺有裨。如蒙俞允，该员以现任知府请调知府，衔缺相当，照例无庸送部引见。系初调人员，亦不核计参罚。所遗镇远府缺，遵旨即以朱逢莘补授。臣等谨合词恭折具奏，伏乞皇上圣鉴训示。谨奏。

朱批：另有旨。

呈黔省捐输请奖衔名银数清单

道光二十九年二月二十日

廖寿常，江苏嘉定县人，由双单月从九品捐银四百二十两，请以从九品插班间选。郑庆魁，顺天宝坻县人，由监生捐银二百八十两，请以从九品不论单双月选用。许棣，云南昆明县人，由已满吏捐银一百七十两，请以从九品双月选用。王则学，江苏金匮县人，由监生捐银一百四十两，请以从九品双月选用。毕庭璜，江苏太仓州人，由监生捐银一千四百七十二两，请以未入流分发四川，遇缺即补。周维琳，直隶蔚州人，祖籍浙江，由山西试用未入流捐银二百九十四两，请以未入流仍留山西尽先补用。朱维镕，浙江海盐县人，寄籍顺天，由贵州尽先补用未入流捐银二百二十两，请改发四川，仍以未入流尽先补用。程义美，湖北天门县人，由双单月未入流捐银三百五十二两，请以未入流分发湖南试用。周梦领，贵州归化厅人，由监生捐银六百三十二两，请以未入流分发湖南补用。陈光润，浙江诸暨县人，由监生捐银六百三十二两，请以未入流分发陕西补用。黄鉴清，顺天大兴县人，祖籍浙江，由俊秀捐银七百四十两，请以未入流分发贵州补用。颜培成，广东嘉应州人，由双单月未入流捐银二百二十两，请以未入流分发省分补用。蒯正昌，顺天大兴县人，祖籍江苏，由监生捐银二百八十两，请以未入流不论双单月选用。苏鸿逵，贵州贵阳府人，由监生捐银一百四十两，请以未入流双月选用。

李珍，陕西长安县人，由贵州委用通判捐银二百五十两。赵泽远，云南新平县人，由贵州龙泉县知县捐银二百一十两。李克勋，奉天盖平县人，由贵州青溪县知县捐银二百一十两。金台，顺天大兴县人，祖籍安徽，由贵州候补知县捐银二百一十两。林尧年，福建侯官县人，由贵州试用知县捐银二百一十两。以上五员均请给予议叙加一级。

聂士学，江西临江府人，由俊秀捐银二百八十两，请给予从九品职衔，并给予应得封典。

傅寿春，江西新淦县监生，捐银三百两。张绶琨，江西金溪县监生，捐银三百两。饶赞，江西临川县监生，捐银三百两。以上三名均请给予布政司理问职衔。

左瑞，山西洪洞县监生，捐银三百两，请给予布政司经历职衔。

田培荆，贵州思州府人，由增生捐银一百二十两。丁鸿章，贵州永宁州人，由增生捐银一百二十两。王承均，贵州都匀县人，由增生捐银一百二十两。萧广聪，贵州镇远府人，由监生捐银一百四十四两。吴元睿，贵州贵阳府人，由俊秀捐银二百五十二两。

以上五名均请准作贡生。

张瓒，云南昆明县人，原籍贵州，由已满吏捐银五十两。宋泽坤，贵州贵阳府已满吏，捐银五十两。都希儒，贵州独山州已满吏，捐银五十两。倪时清，贵州贵筑县未满吏，捐银六十五两。章德称，顺天俊秀，捐银八十两。周绍曾，顺天俊秀，捐银八十两。周兆安，顺天俊秀，捐银八十两。戴晨亮，江西临川县俊秀，捐银八十两。游凌烟，江西临川县俊秀，捐银八十两。郑观兰，江西临川县俊秀，捐银八十两。黄惠生，江西临川县俊秀，捐银八十两。喻镕，江西临川县俊秀，捐银八十两。范恒春，江西临川县俊秀，捐银八十两。刘斯溥，江西临川县俊秀，捐银八十两。车三品，江西临川县俊秀，捐银八十两。徐致诚，江西临川县俊秀，捐银八十两。桂殿，江西临川县俊秀，捐银八十两。周鹏拔，江西清江县俊秀，捐银八十两。龚应鸿，江西清江县俊秀，捐银八十两。陈汉智，江西清江县俊秀，捐银八十两。杨廷礼，江西清江县俊秀，捐银八十两。聂士英，江西清江县俊秀，捐银八十两。胡永贵，江西清江县俊秀，捐银八十两。黄学滉，江西清江县俊秀，捐银八十两。聂康肇，江西清江县俊秀，捐银八十两。周仲魁，江西安福县俊秀，捐银八十两。周作霖，江西安福县俊秀，捐银八十两。谢钟英，江西安福县俊秀，寄籍贵州，捐银八十两。李泽璋，江西永新县俊秀，捐银八十两。车运昌，江西金溪县俊秀，捐银八十两。詹应铨，江西金溪县俊秀，捐银八十两。章元洪，江西金溪县俊秀，捐银八十两。崔立德，江西丰城县俊秀，捐银八十两。辜绍茹，江西南昌县俊秀，捐银八十两。刘斗光，江西南昌县俊秀，捐银八十两。刘逢春，江西新淦县俊秀，捐银八十两。罗振升，福建连城县俊秀，捐银八十两。罗铨，湖南安化县俊秀，捐银八十两。何熙春，湖南桃源县俊秀，捐银八十两。唐长春，湖南清泉县俊秀，捐银八十两。唐锦春，湖南清泉县俊秀，捐银八十两。甘来仪，四川荣昌县俊秀，捐银八十两。甘来瀛，四川荣昌县俊秀，捐银八十两。吴鉴，广东石城县俊秀，捐银八十两。朱宗淳，广西博白县俊秀，捐银八十两。庞建中，广西宣化县俊秀，捐银八十两。黄文明，广西博白县俊秀，捐银八十两。黄文中，广西博白县俊秀，捐银八十两。刘泉，贵州贵阳府俊秀，捐银八十两。胡德萧，贵州贵阳府俊秀，捐银八十两。何应荣，贵州贵阳府俊秀，捐银八十两。邓国贤，贵州贵阳府俊秀，捐银八十两。颜承华，贵州贵阳府俊秀，捐银八十两。越重光，贵州贵阳府俊秀，捐银八十两。钱本，贵州贵阳府俊秀，捐银八十两。刘胜隆，贵州贵阳府俊秀，捐银八十两。萧广勋，贵州镇远府俊秀，捐银八十两。萧承坤，贵州镇远府俊秀，捐银八十两。鄢鋘湘，贵州镇远府俊秀，捐银八十两。杨渊，贵州镇远府俊秀，捐银八十两。杨秀英，贵州镇远府俊秀，捐银八十两。邰有昌，贵州镇远府俊秀，捐银八十两。张步云，贵州镇远府俊秀，捐银八十两。蒋静轩，贵州镇远府俊秀，捐银八十两。崔占芳，贵州思州府俊秀，祖籍江西，捐银八十两。杨星暄，贵州思州府俊秀，捐银八十两。罗文翠，贵州思州府俊秀，捐银八十两。田时霨，贵州思州府俊秀，捐银八十两。陈琳，贵州黎平府俊秀，捐银八十两。周维法，贵州黎平府俊秀，捐银八十两。李国华，贵州兴义府俊秀，捐银八十两。黄文炳，贵州松桃厅俊秀，捐银八十两。田大兴，贵州郎岱厅俊秀，捐银八十两。张兆祥，贵州郎岱厅俊秀，捐银八十两。张钰，贵州郎岱厅俊秀，捐银八十两。龙朝清，贵州清江厅俊秀，捐银八十两。宋大镎，贵州清江厅俊秀，捐银八十两。宋子荣，贵州清江厅俊秀，捐银八十两。萧沛荣，贵州镇宁州俊秀，捐银八十两。杨富春，贵州镇宁州俊秀，捐银八十两。丁桂山，贵州镇宁州俊秀，捐银八十两。王兆周，贵州永宁州俊秀，捐银八十两。罗天祜，贵州永宁州俊秀，捐银八十两。萧永馥，贵州永宁州俊秀，捐银八十两。施辅仁，贵州永宁州俊秀，捐银八十两。吴崇阳，贵州永宁州俊秀，捐银八十两。王守基，贵州永宁州俊秀，捐银八十两。朱万铭，贵州永宁州俊秀，捐银八十两。陈炽昌，贵州平远州俊秀，捐银八十两。

郑家兰，贵州独山州俊秀，捐银八十两。郑之兰，贵州独山州俊秀，捐银八十两。艾廷彬，贵州独山州俊秀，捐银八十两。周锦才，贵州独山州俊秀，捐银八十两。刘占鳌，贵州独山州俊秀，捐银八十两。李正元，贵州独山州俊秀，捐银八十两。许兴科，贵州黄平州俊秀，捐银八十两。张德元，贵州黄平州俊秀，捐银八十两。吴治南，贵州定番州俊秀，捐银八十两。魏之桂，贵州黔西州俊秀，捐银八十两。马明，贵州黔西州俊秀，捐银八十两。秦调元，贵州黔西州俊秀，捐银八十两。颜承钧，贵州黔西州俊秀，捐银八十两。杨熙超，贵州贵筑县俊秀，捐银八十两。董克昌，贵州贵筑县俊秀，捐银八十两。景调元，贵州镇远县俊秀，捐银八十两。杨玉光，贵州镇远县俊秀，捐银八十两。吴珍，贵州镇远县俊秀，捐银八十两。傅正朝，贵州镇远县俊秀，捐银八十两。罗文周，贵州镇远县俊秀，捐银八十两。谢钧，贵州镇远县俊秀，捐银八十两。聂化瑛，贵州镇远县俊秀，捐银八十两。王玉奎，贵州镇远县俊秀，捐银八十两。陈光昌，贵州遵义县俊秀，捐银八十两。傅启绪，贵州遵义县俊秀，捐银八十两。赵以渊，贵州桐梓县俊秀，捐银八十两。詹国相，贵州安化县俊秀，捐银八十两。以上一百一十八名均请给予从九品职衔。

安长庆，湖南慈利县人，由监生捐银五百六十两，请以营千总分发本省提标补用。严廷贵，贵州修文县人，由拣选武举捐银二百一十两，请以把总分发本省拔补。李光臣，贵州黔西州人，由卫千总职衔捐银三百五十两，请给予营守备职衔。谭永仲，贵州永宁州人，由监生捐银二百五十两，请给予卫千总职衔。朱德棠，广西博白县人，由监生捐银二百一十两，请给予营千总职衔。

朱批：览。

奏报黔省道光二十九年正月雨雪粮价情形事

道光二十九年二月二十日

署理贵州巡抚布政使臣罗绕典跪奏，为敬陈正月分雨雪粮价情形，仰祈圣鉴事。窃照上年十二月分黔省雨雪优沾，粮价平减，臣已恭折奏报在案。兹查省城于正月初二日得有微雪，旋下旋融，不成分寸。初六日、初七日续沾雪泽，积厚寸许。十六、二十二、二十六等日均经得雨。余皆阴晴相间。据贵阳、安顺、兴义、大定、都匀、镇远、思南、思州、铜仁、黎平十府，平越直隶州暨所属厅州县陆续申报，正月初一、初二、初三、初五、初六、初七、初八等日，先后得雪，积厚寸余，至二三寸不等。各属具报晴雨情形，核与省城大略相仿。二麦青葱长发，菜豆渐次扬花。通省粮价有与上月相同者，有较为平减者。臣察看苗疆安静，里井恬熙，理合据实奏闻，并缮呈正月分粮价清单，伏乞皇上圣鉴。谨奏。

朱批：知道了。

奏报黔省道光二十九年正月收捐监生银数事

道光二十九年二月二十日

臣罗绕典跪奏：再，各省捐监银数向例随同粮价每月具奏。又准部咨，捐监银俟收至三万两即行解部，续收三万两归补封贮。等因。查黔省自嘉庆五年开捐起，至道光二十二年十一月止，共收捐监银五十二万二千三百九十两，内解交部库银二十三万四千一百七十两，归补封贮银二十八万八千二百二十两。其封贮项下，除制补缺额火药、铅丸、购买硝磺、铅斤支发银一百七十一两零，拨解云南壬寅年铜本兵饷银二十五万两，拨充贵州癸卯年兵饷银三万七千两外，实存银一千四十八两零，计未补封贮分贮银三十三万九千九百五十一两零。道光二十二年十二月起至二十八年十二月，收捐监银七万一千八百二两，先后解交部库银六万三千二百两，实存银八千六百二两。二十九年正月分报捐监生九名，收银九百七十二两，共收存藩库银九千五百七十四两。理合附片陈明，伏乞圣鉴。谨奏。

朱批：户部知道。

奏为黔省矿务遵旨开采渐有成效酌定章程事

道光二十九年二月二十日

署理贵州巡抚布政使臣罗绕典跪奏：为黔省矿务遵旨开采渐有成效，酌定章程，奏祈圣鉴事。窃臣接准户部咨开，道光二十八年十一月十五日奉上谕："开矿之举，以天地自然之利还之天下，仍是藏富于民，如果地方官办理得宜，何至借口于人？众易聚难散，（缺文）因噎而废食。着四川、云贵、两广、江西各督抚于所属境内确切查勘，广为晓谕，如有苗旺之区，酌量开采，断不准畏难苟安，托词观望。如果不便于民，开采之后，弊多利少，亦准奏明停止。至于官办、民办、商办，其应如何统辖、弹治、稽查之处，各就地方情形，熟商妥议，定立章程具奏。等因。钦此。"仰见我皇上经国裕民，筹画万全，臣等曷胜钦佩！伏查黔省向有水银、朱磺各厂，计就厂抽课，近来每岁不过二千余金。其铜铅额课向归另案核计，自道光二十四年奉旨密饬开采矿厂，臣于藩司任内，谨就厂务实在情形，详经前抚臣覆奏，奉到朱批："不可一奏了事。钦此。"钦遵。数年以来，通饬官民遍加躧访。据定番州报获金鳌山水银矿砂，贵筑县报获白马洞水银矿砂，节经咨部在案。上年七月又据贵西道福连报，有柞子厂附近清水站地方，躧获黑铅子厂，矿苗丰厚，于黑铅中煎提出银，成色尚佳，当经批饬按月抽课去后，随据署贵西道祝祜报解，自上年七月起，至本年正月止，计半年中抽收清水站银课已有一千二百五十余两，若试采一年，应可抽课二千五百余两。并据贵筑县报解白马洞水银课价一千余两，定番州报解水银课价三百一十两，统计每年约抽新课已增添银三千八百余两。外有永宁、婺川等州县初经躧获水银矿地，容俟抽课，另行报部。是增课虽止数处，而厂丁及地主人等皆得仰沐圣恩，分沾其利，裨益无穷。兹奉谕旨谆谆，臣惟有与署两司等益加劝谕，饬属广为采访，无论采获何项矿苗，务须核实办理，不准畏难苟安。如以后衰旺无常，或滋流弊，仍可随时察看，奏明停止。至厂户砂丁自当严明禁约，现饬地方官查察，酌定厂规，以十人或二十人为一班，责成班长管束，设立号簿，开明姓名年貌，并取具不敢窝匪甘结，稽查弹治，以重厂务而靖地方，务求仰副圣主藏富于民至意，并据署两司具详请奏前来。所有遵旨开矿渐有成效，酌定章程缘由，理合会同督臣林则徐恭折具奏，伏乞皇上圣鉴。谨奏。

　　朱批：*妥协办理。该部知道。*

奏为归化通判吴广生拿获邻境盗首请送部引见事

道光二十九年二月二十日

署理贵州巡抚布政使臣罗绕典跪奏：奏为通判拿获邻境拒

杀事主之盗首，遵例保奏，仰祈圣鉴事。窃照归化通判吴广生前署开泰县任内，因黎平府客民袁伯才被贼抢夺银物，铳伤身死，首先拿获盗首朱苗往一名，解府审明，依例拟斩立决，由司详咨。接准吏部咨覆，应令遵照奏定章程补行保奏。等因。行据开泰县取具吴广生履历清册送府。该署黎平府知府常恩以吴广生才具明干，缉捕勤能，出考申送。由贵东道周作楫查核：该员年壮才明，勤于缉捕。加考移司，经署藩司孙起端、署臬司福连会查得：该员年力强壮，办事勤能，与保奏引见之例相符。具详请奏前来。臣覆查该通判吴广生振作有为，克勤缉捕，拿获邻境拒杀事主之盗首，相应遵例奏请送部引见，恭候钦定。除册咨部外，理合会同督臣林则徐恭折具奏，伏乞皇上圣鉴。谨奏。

朱批：吏部议奏。

奏为委令杨书魁署理黎平府知府等各员缺事

道光二十九年二月二十日

臣罗绕典跪奏：再，署黎平府事安顺府知府常恩应饬回本任，以专责成。所遗黎平府系苗疆要缺，查有八寨同知杨书魁，干练老成，民苗爱戴，前曾委署该府印务，办理裕如，堪以仍委署理。又，署开州事坐补定番州知州陈鳌于繁缺不宜，奏请改简，例应离任。所遗开州缺，政简民淳，查有署修文县知县甘雨施堪以接署。其修文县缺，政务颇繁，查有署仁怀县知县吴登甲堪以委署。所遗仁怀县缺，界联川省，民刁讼繁，查有署贞丰州事之龙泉县知县赵泽远堪以调署。所遗贞丰州系烟瘴苗疆要缺，查有桐梓县知县张克纶堪以署理。并据署两司具详前来。除饬遵外，理合会同督臣林则徐附片陈明，伏乞圣鉴。谨奏。

朱批：览。

奏报前任贵州提督张国相在籍病故日期事

道光二十九年二月二十日

臣罗绕典跪奏：再，前任贵州提督张国相于道光二十五年奉旨以原官休致，准其入籍贵州。复蒙赏给全俸，以养余年。兹因伤病举发，饮食不进，于二十九年正月十一日身故。经提标中军查明申报，并据该家属呈送遗折前来。所有该员张国相在籍身故缘由，理合附片奏闻，并将送到遗折代为恭呈御览，伏乞圣鉴。谨奏。

朱批：另有旨。

奏报黔省道光二十九年二月雨水粮价情形事

道光二十九年三月二十二日

署理贵州巡抚布政使臣罗绕典跪奏：为敬陈二月分雨水粮价情形，仰祈圣鉴事。窃照本年正月分黔省雨雪优沾，粮价平减，臣已恭折奏报在案。兹查省城于二月初六、初九、十三、十四、十八、二十一、二十六、二十九等日咸沾雨泽，余皆阴晴相间。并据各属具报晴雨情形，核与省城大略相仿。二麦渐次含苞，菜豆已经结实。通省市粮价值，有与上月相同者，亦有稍增之处，为数无几，并无妨于民食。臣查看苗疆安静，四境恬熙，理合据实奏闻，并缮呈二月分粮价清单，伏乞皇上圣鉴。谨奏。

　　朱批：知道了。

奏报黔省道光二十九年二月收捐监生银数事

道光二十九年三月二十二日

　　臣罗绕典跪奏：再，各省捐监银数向例随同粮价每月具奏。又准部咨，捐监银俟收至三万两即行解部，续收三万两归补封贮。等因。查黔省自嘉庆五年开捐起，至道光二十二年十一月止，共收捐监银五十二万二千三百九十两，内解交部库银二十三万四千一百七十两，归补封贮银二十八万八千二百二十两。其封贮项下，除制补缺额火药、铅丸，购买硝磺、铅斤支发银一百七十一两零，拨解云南壬寅年铜本兵饷银二十五万两，拨充贵州癸卯年兵饷银三万七千两外，实存银一千四十八两零，计未补封贮分贮银三十三万九千九百五十一两零。道光二十二年十二月起至二十九年正月，收捐监银七万二千七百七十四两，先后解交部库银六万三千二百两，实存银九千五百七十四两。二月分报捐监生十名，收银一千八十两，共收存藩库银一万六百五十四两。理合附片陈明，伏乞圣鉴。谨奏。

　　朱批：户部知道。

奏报查明常平仓应存谷价银两全数提贮藩库事

道光二十九年三月二十二日

署理贵州巡抚布政使臣罗绕典跪奏：为查明常平仓应存谷价银两全数提贮藩库开单，恭折奏祈圣鉴事。窃臣前准户部咨，钦奉上谕："给事中张修育奏请将各直省州县存谷价银酌归藩库一折，着各督抚核议具奏。等因。钦此。"臣遵即悉心酌议，勒限三个月，饬令道府州核明所属常平仓存谷若干，存银若干，先将应存谷价一律提贮藩库。奏奉朱批："知道了。钦此。"钦遵转饬分晰查明。兹据各属批解应存谷价银两，由署藩司孙起端、署粮储道朱德璲查核会详前来。臣覆查：黔省常平仓谷，道光三年、十七年两次清查，俱经陆续买补足额。自十七年以后至二十八年，因各府厅州县山高雾重，地气淫蒸，仓谷易致霉变，叠次晒晾风扇，并历任交代盘量，加以督抚藩司到任暨年终委员盘查，每年均有折耗。十余年来，盘折之谷，有随时买补归仓者，有作价存银流交者，统计七十七处尚未买谷九万六千四十二石零，恐有不实不尽，经该管道府州就近提验交盘册结，核明贮谷存银实据，委无捏饰。未买谷数照部价每石作银五钱，共应存谷价银四万八千二十一两零，已全数提贮藩库。通省额贮常平仓二百万石，各官捐输溢额谷二万五千四百四十石，内除前署都江通判那丹珠亏缺未买谷五百一十九石零，系分赔追缴，俟浙江等省追完咨覆另行归补外，今提存谷价银四万八千二十一两零，合谷九万六千四十二石零。应于奏销案内开除，并将实存谷一百九十二万八千八百七十七石零造册报部。黔省连年丰稔，粮价中平，现在民食宽裕，无庸碾动仓谷平粜。惟山多田少，舟楫不通，储备尤关紧要。以常平原额谷二百万石内提银合谷九万余千石，核计不及二十分之一，积谷较多，于仓储尚无窒碍。此后实存谷石，遇有盘折，仍令照数补足。若不加谨收贮，又不随时晒晾，以致霉变、折耗，及另有侵那等弊，立即严参惩办。

再，给事中张修育原奏内称：藩库备存邻省谷价，亦应列入折内奏报，由户部查核。等语。臣查黔省藩库存山西咨追分赔谷价案内，抚臣乔用迁全完银二千五百六十六两零，臣全完银八百八十一两零。前任大同府谌厚光先缴银一千两，因该府赔项尚未完清，未经起解。又，兴义县解缴逆产充公谷价案内，积存银八千一百余两，系支给土弁工食，余剩之项报部另存在库，合并陈明。所有各属常平仓应存谷价银两全数提贮藩库缘由，理合会同督臣林则徐恭折具奏，并缮呈清单，伏乞皇上圣鉴。谨奏。

朱批：户部知道。单并发。

奏为筹拨库款凑支现放兵饷俟外省协饷解到
请将余银留备下年减拨事

道光二十九年三月二十二日

署理贵州巡抚布政使臣罗绕典跪奏：为筹拨库款凑支现放兵饷，俟外省协饷全数解到，请将余银留备下年减拨，恭折奏祈圣鉴事。窃照道光二十九年额估有闰兵饷等银八十九万余两，除上年酌拟减拨案内由黔库筹拨二十八万八千余两外，尚须银六十八万余两。部拨江西、浙江地丁、盐课等银解黔应用内，已解到银二十万两，未到银四十八万零。现届各营请领夏秋俸饷，不敷支放，急应筹款供支。惟是黔省钱粮有限，兼臣在藩司任内，奉文筹度撙节，先后抵拨兵饷银五十余万两。库存本属无多，今外省协解稍迟，而各营兵饷要需未便缺误。再四筹酌，惟有综核库款，腋凑以资接济。查道光二十三年起，至二十七年积存杂税银一十一万八千七百九十七两零，二十七年扣收朋建银一万六千九百二十五两零，从前出师湖南等省借支行装扣存银三万二千八百四十九两零，出师广东在粤借支俸赏廉饷扣存银六千七百八十一两零，办理兵差存剩银二万六千八百六十两零，白黑铅课银二万三千六百五十五两零，共存银二十二万五千八百余两。业经分晰造报，应请动拨凑支各营夏秋俸饷。俟浙江等省陆续解齐，核计兵饷项下余银二十二万五千八百余两，留抵下年兵饷，照数减拨。虽为数无几，而藩库多筹一分，即部库减拨一分。涓滴之水，挹注江河，于度支不无裨益。

再，各营兵饷历系先期请领，距省窵远者每年三月即领夏季，兼领秋季，九月请领冬季，兼领次年春季，其预领一季俸饷，就近寄存道府厅库。是以估拨道光二十九年夏秋冬三季、预拨次年春季饷银，应于兵饷未放之前解到，庶可按期支发。若协拨省分起解迟缓，须至三十年春夏间始能解清，实属缓不济急。相应请旨敕下江西、浙江巡抚，转饬以后协拨黔省兵饷务刻期起解，依限解交，俾得及时支放，以免延误。据署藩司孙起端具详前来。理合会同督臣林则徐恭折具奏，伏乞皇上圣鉴。谨奏。

朱批：另有旨。

奏为现署荔波县知县吉尔通阿
应饬回长寨同知本任所遗员缺
委令都匀县知县郗松龄接署等事

道光二十九年三月二十二日

臣罗绕典跪奏：再，现署荔波县知县吉尔通阿应饬回长寨同知本任，所遗荔波县系苗疆要缺，查有都匀县知县郗松龄堪以接署。又，玉屏县系冲繁中缺，查有署黄平州事之水城通判郑凤鸣堪以委署。至黄平州员缺，已将平远州知州徐丰玉题请调补，应令该员先行署理黄平州印务。又，署正安州知州周守正，现经委署遵义县，所遗正安州毗连川省，词讼繁多，查有清平县知县吴元庆堪以署理。又，署安平县事试用知县陈炘煜，应令回省当差，所遗安平县地当孔道，政务颇繁，查有婺川县知县何铤堪以委署。并据署两司具详前来。除饬遵外，理合会同督臣林则徐附片陈明，伏乞圣鉴。谨奏。

　　朱批：览。

奏报黔省道光二十九年二麦收成分数事

道光二十九年四月十九日

　　署理贵州巡抚布政使臣罗绕典跪奏：为恭报麦收分数，仰祈圣鉴事。窃照黔省田少山多，又无水路可通客贩，全赖本地所产之粮以供食用，是以民苗勤于耕作，凡山头地角稍可种植之区，无不尽力开垦。查上冬雪泽普沾，土膏滋润，入春以来，雨水调匀，二麦畅茂，现已次第成熟。据各属查明收成分数，陆续具报，由署藩司孙起端汇报前来。臣逐加确核，通省各府厅州县及州同州判县丞分辖地方，共计七十五处，八分收成者五十八处，七分收成者十七处。通省牵算，收成在七分以上，民苗得资接济，生计尚属裕如。除循例题报外，理合恭折奏闻，并缮呈麦收分数清单，伏乞皇上圣鉴。谨奏。

　　朱批：知道了。

奏报黔省道光二十九年三月雨水粮价情形事

道光二十九年四月十九日

署理贵州巡抚布政使臣罗绕典跪奏：为敬陈三月分雨水粮价情形，仰祈圣鉴事。窃照本年二月分黔省雨水调匀，粮价中平，臣已恭折奏报在案。兹查省城于三月初六、初七、初九、十六、二十三、二十六、二十八九等日均得澍雨，四野优沾，田畴已有积水，余皆阴晴相间。并据各属具报雨水情形，核与省城大略相同。二麦现已成熟，农田次第翻犁，早晚禾秧，亦经出水。通省市粮价值，较上月稍增一二分，为数无几，仍无妨于民食。臣察看苗疆安静，四境恬熙，理合据实奏闻，并缮呈三月分粮价清单，伏乞皇上圣鉴。谨奏。

朱批：*知道了。*

奏报黔省道光二十九年三月收捐监生银数事

道光二十九年四月十九日

臣罗绕典跪奏：再，各省捐监银数向例随同粮价每月具奏。又准部咨，捐监银俟收至三万两即行解部，续收三万两归补封贮。等因。查黔省自嘉庆五年开捐起，至道光二十二年十一月止，共收捐监银五十二万二千三百九十两，内解交部库银二十三万四千一百七十两，归补封贮银二十八万八千二百二十两。其封贮项下，除制补缺额火药、铅丸，购买硝磺、铅斤支发银一百七十一两零，拨解云南壬寅年铜本兵饷银二十五万两，拨充贵州癸卯年兵饷银三万七千两外，实存银一千四十八两零，计未补封贮分贮银三十三万九千九百五十一两零。道光二十二年十二月起至二十九年二月，收捐监银七万三千八百五十四两，先后解交部库银六万三千二百两，实存银一万六百五十四两。三月分报捐监生八名，收银八百六十四两，共收存藩库银一万一千五百一十八两。理合附片陈明，伏乞圣鉴。谨奏。

朱批：户部知道。

62

奏为遵义府知府陈光兰奉旨送部引见所遗员缺委令朱逢莘署理等事

道光二十九年四月十九日

臣罗绕典跪奏：再，遵义府知府陈光兰因办事竭蹶，钦奉谕旨着送部引见，所遗遵义府印务，查有简放贵阳府遗缺知府朱逢莘，心地诚实，干练精明，堪以署理。又，署普安直隶同知朱右贤应饬回咸宁州本任，以专责成。所遗普安直隶同知系苗疆要缺，查有青溪县知县李克勋堪以委署。又，龙里县知县严锡珍调署水城通判，所遗龙里县，地当孔道，政务颇繁，查有现署都匀县事之都江通判程枚，堪以署理。其都匀县系属简缺，查有准补瓮安县知县高廷镇堪以接署。又，署开泰县事候补知县金台调署天柱县，所遗开泰县毗连楚粤，缉捕紧要，查有准补永从县知县石均堪委署理。并据署两司具详前来。除饬遵外，理合会同督臣林则徐附片陈明，伏乞圣鉴。谨奏。

朱批：览。

奏报黔省道光二十八年地丁正耗并耗米官租变价等银全完事

道光二十九年四月十九日

署理贵州巡抚布政使臣罗绕典跪奏：为道光二十八年黔省应征地丁正耗并耗米、官租、变价等银，扫数全完，遵例奏祈圣鉴事。窃照定例：每年额征钱粮，上忙征过若干，下忙征过若干、未完若干，其已完州县共应留支若干，实应解存司库报部若干，向由藩司分款造册，详报督抚查核具奏，耗羡等银随同正项钱粮归入上下两忙，一并册报。查黔省征收钱粮，定限九月开征，以年底完半为上忙，次年三月全完为下忙。道光二十八年地丁正耗钱粮，截至年底止，业将上忙完欠数目奏报在案。本年三月应截下忙之期，据署藩司孙起端查明，全完各数造册请奏前来。臣逐加查核，黔省各属应征道光二十八年地丁等银一十二万一千六百六十四两零，耗羡并耗米、官租、变价共银二万五千六百五十六两零，内除例准改征米石并存留坐支外，实应起解司库地丁等银六万四千二百七十八两零。上忙已完银五万九千五百七十六两零，未完银四千七百二两零，今于三月内据各属扫数完解清楚。又，应起解司库耗羡等银七千四百二十二两零，上忙已据各属全数完解司库。除册送部外，所有道光二十八年地丁正耗并耗米、官租、变价等银依限全完缘由，理合遵例恭折具奏，伏乞皇上圣鉴。谨奏。

朱批：户部知道。

奏为恭报交卸贵州抚篆回藩司本任日期谢恩事

道光二十九年四月二十三日

贵州布政使臣罗绕典跪奏：为恭报微臣交卸抚篆仍回藩司本任日期，叩谢天恩，仰祈圣鉴事。窃臣钦奉上谕署理贵州巡抚印务，于上年十二月初一日任事，当经具折谢恩。接篆以来，弥深感悚，一切整饬地方、训练营伍各事宜，尽心经理，将及五月，惟恐稍涉因循。兹抚臣乔用迁于四月二十三日回黔，臣谨将巡抚印务赍交，即于是日准署藩司孙起端移交贵州布政使印信前来。臣恭设香案，望阙叩头，祇领任事。伏念臣湘南下士，才识庸愚，渥荷逾格圣恩，由词垣简放知府，洊擢今职。受恩深重，未效涓埃，今回藩司本任，臣惟有实力实心，倍加奋勉，凡事禀商抚臣，认真办理，以期仰报高厚鸿慈于万一。除将交卸抚篆日期恭疏题报外，所有微臣感悚下忱，理合缮折具奏，伏乞皇上圣鉴。谨奏。

朱批：览。

奏为补授湖北巡抚谢恩并请陛见事

道光二十九年闰四月二十八日

新授湖北巡抚臣罗绕典跪奏：为恭谢天恩，仰祈圣鉴事。道光二十九年闰四月二十六日，接据贵州巡抚乔用迁行知准吏部咨，钦奉上谕："罗绕典着补授湖北巡抚。等因。钦此。"窃臣湘南下士，才识庸愚，屡荷特恩，由编修简放山西平阳府知府，洊擢陕西督粮道、山西按察使、贵州布政使，二十五年五月护理贵州巡抚，八月卸事回任。上年十二月复奉旨署理抚篆，甫于本年四月回任，涓埃未报，悚惕方深，兹复恭承恩命，畀以封圻重任。沐鸿施之逾格，非梦想所敢期。伏念楚北地处要冲，巡抚职司，统率察吏安民，在在均关紧要，如臣梼昧，深惧不能胜任。惟有吁恳圣恩，俯准臣趋诣阙廷，跪聆训诲，俾事事有所遵循，以冀稍酬高厚鸿慈于万一。臣交卸藩篆后，即行起程，恭迎批折北上。所有微臣感激惶悚下忱，谨缮折具奏，叩谢天恩，伏乞皇上圣鉴。谨奏。

朱批：着来见。

奏请皇上圣躬万安事

道光朝

新授贵州布政使臣罗绕典跪请皇上圣躬万安。

奏为行抵湖北探询湖南军务大概情形
并沿途筹办团练防堵事

咸丰二年六月十四日

帮办军务前任湖北巡抚臣罗绕典跪奏：为微臣行抵楚北，探询湖南军务大概情形，并沿途筹办团练防堵事宜，恭折奏祈圣鉴事。窃臣五月初八日钦奉上谕，前往湖南帮同办理军务，当即具折谢恩。仰荷皇上训诲殷谆，感沦肌髓，并蒙谕以全楚人心强固，当兹贼氛肆扰，官绅士庶谅必志切同仇。而臣籍隶湖南，情形较熟，所有团练防堵诸事，即可驰归劝谕妥办。圣虑周详昌胜，钦感陛辞。后于十三日出都，先即函致军机大臣赛尚阿、湖广总督程矞采，探询贼踪，现逃何处，若何防剿，并知会楚北协力堵御，俾两湖人心联为一气，益壮声威。兹臣于六月十三日行抵湖北，面晤院司各官，悉该省铸炮制械，调兵防守甚周，人心安定，亦无难民待赈。并闻贼匪现在道州，尚未敢肆出奔窜。上游衡、永两郡，重兵云集，正在合围堵缉，克期进剿。长郡自办团练后，叠次查出奸细，民心益形静谧，臣患犹距贼较远各州县侦察易疏，贼心诡诈百出，难保无窥伺偷越。现拟即由岳州取道湘阴、沅江、益阳、宁乡，直抵省城，沿途面邀各官绅，给与团练防堵条款谕令，齐团以缉内奸，练勇以防外寇，坚壁清野，以绝剽掠而固藩篱。有能杀贼立功者，许邀奖叙，有能改匪归良者，准予自新，处处宣示皇上德意，庶下情皆能上达，而众志即可成城。除俟与赛尚阿、程矞采面商筹办，务使贼氛靖而民志坚，以期稍慰宸廑于万一，所有臣现在楚北并沿途应办各事宜，谨缮折由驿先行奏闻，伏乞皇上圣鉴训示。谨奏。

朱批：知道了。

奏报行抵湖南省城并筹商省城防堵事

咸丰二年七月初八日

帮办军务前任湖北巡抚臣罗绕典跪奏：为微臣行抵楚南，劝谕绅民团练防堵，并筹商省城现应速办各事宜，恭折奏祈圣鉴事。窃臣奉命帮办湖南军务，前在鄂城，业将探访两湖情形由驿具奏。嗣至岳州所属之临湘、巴陵，长郡所属之湘阴、益阳、宁乡，沿途纠约绅耆，各就该处时地布置办理，以御外侮而缉内奸。官民皆感激圣恩，踊跃从事，闾阎安静如常。六月二十八日行抵省城，晤院司道府各官，悉补修城工，渐次葳事，铸炮制械，添补军装，一律整齐。据报所练壮勇、广勇、浏勇、湘勇，计三千二百有零，查点均实。臣将所刻团练防堵章程分寄上下游各州县，饬令核实奉行，臣必节次密查，未许稍形松懈。正拟拜折，后即赴行营与军机大臣赛尚阿、湖广总督程矞采面商一切，适连日闻江华、永明、桂阳州、嘉禾失守，贼匪现由小道纷窜，下窥各处，拿有奸细。省中绅耆恐贼氛逼近，禀留臣在省调度防御，抚臣骆秉章亦以城中防兵单薄，全赖绅民襄助，奋志同仇。臣思省垣为根本重地，计应先固藩篱，因与司道共商如衡郡之柏坊、白沙、耒河口、湘潭之昭陵滩、朱亭、老鸦洞、姜畲、石潭等处尤为紧要，刻即飞檄该处守令兵民严行防堵，而省城南城及大小西门外等处居民铺户几万千家，毫无捍蔽，惟有树建木城，遍安枪炮守御。其沿江之昭山、龙潭湾先已设有木筏，守兵并炮船数只横截江面，防贼偷渡而下。但江岸左右山径纷歧，更须叠设望楼，密派伏兵防截，以限贼踪。数日内与在事官民相度会垣内外情形，严饬择要速办，务使有备无患，以期仰慰宸廑。所有臣现在住省筹办各事宜，除一面知会军机大臣及湖广总督外，理合具折由驿奏闻，伏祈圣鉴训示。臣谨奏。

　　朱批：知道了。

奏为贼匪窜逼长沙现筹防剿情形事

咸丰二年七月二十九日

　　湖南提督臣鲍起豹、帮办军务前任湖北巡抚臣罗绕典、暂留湖南巡抚臣骆秉章跪奏：为粤匪窜逼省城，情形危急，现筹防剿，恭折由六百里驰奏，仰祈圣鉴事。窃照粤匪窜扰楚境，省城戒严。臣鲍起豹准钦差大臣赛尚阿照会，赴省防堵，并派拨江西官兵一千名防护省垣。旋准督臣程矞采来咨，郴州贼匪久踞永兴，探闻欲由醴陵窜越江西，嘱即拨兵驰赴醴陵、茶陵、攸县等属堵御。臣等即以该匪自出道州，久有分路扑省之谣，所探欲窜江西，恐系声东击西诡计。一面飞咨钦差大臣赛尚阿、督臣程矞采迅速拨兵，先扼永兴、安仁接近之龙汉塘，以截攸、醴、湘潭至省要路，一面酌派四川官兵六百名交四川黎雅营游击王凯管带，驰赴湘潭，陕西官兵一千名交潼关副将尹培立管带，驰赴醴陵，查探何处吃紧，迅即迎头截剿。乃甫饬起程，突闻安仁、攸县于十八九等日失守，贼即转窜醴陵。至二十八日辰刻猝至省城，逼近南门外妙高峰驻扎。当将城门封堵防御戒严。窃念臣等数月来修城制械，招勇练团，方有头绪，且距城二十余里之石马铺有陕西官兵二千名，又十余里之金盆岭有九溪等营官兵一千余名屯扎，乃贼氛突至，是否该匪由间道窜越，抑系该带兵各官防剿不力，道路梗塞，尚难确查。当即飞调石马铺等处先屯扎之陕西各营官兵撤屯城边，相机合剿。远望匪贼于城南妙高峰上俯瞰城中，臣等先已于城上密排炮位，即督饬四川、江西各营兵勇登埤开放枪炮，与该匪对击，相持两时之久，即于妙高峰正对之南城魁星楼上运用大炮连向贼营轰击。经四川营弁兵、浏阳乡勇首先毙贼百余人，贼势稍退，复向大西门、小西门一路潜行，及东南鳌山庙等处分驻。臣等复咨陕西镇福诚等约会各营兵勇设法围剿，并将招募之浏阳勇二千名先饬五百名向前迎敌，击毙百余人，夺获抬炮一杆、黄旗三杆、马三匹，均加重赏，兵勇更形踊跃。惟时届昏黑，恐中贼计，暂令严守查探。现到贼匪、土匪已有万人，尚有大股在后，湖南省城煤米油盐等项，均赖城外接济。设使围攻日久，就现在兵勇，守剿俱形单弱。臣等筹思及此，焦急万分，惟有激励将士，熟商防剿，并飞咨钦差大臣、督臣，迅饬和春管带大兵来省应援，仍督饬员弁绅士分带兵勇团练豫防土匪之勾结，严查奸细之窥伺，固结人心，立除凶焰，务期省城奠定，境宇廓清，以仰副皇上固圉安民之至意。所有贼匪现逼省城情形危急各缘由，理合会同钦差大臣大学士赛尚阿、湖广督臣程矞采恭折由驿具奏，伏乞皇上圣鉴。谨奏。

朱批：另有旨。

奏报防堵章程即以筑堡清野为要务并招募
壮勇二千名以备调遣等情形事

咸丰二年七月二十九日

帮办军务前任湖北巡抚臣罗绕典跪奏：再，臣于七月初四日准湖广督臣程矞采来咨，会奏试办筑堡事宜缘由。奉朱批："罗绕典人尚可用，先择紧要处所试行之。钦此。"等因。窃臣先刊防堵章程，即以筑堡清野为要务。抵湖南后，向绅民恺切劝谕，该绅民等均以此为御贼良法，惟工程既大，需费浩繁，一如督臣前奏，艰于图始。兼时届秋收，遽事兴筑，力既不给，时又未遑。臣以登谷本清野先务，须俟收获事竣，先择紧要处所遵旨试行，随谕各州县将应修处所查明具报。正在查办间，忽值贼匪围逼省城，亟筹防剿，只得从缓试办。至省城驻兵本单，先经臣查浏阳乡勇人甚果敢，会商抚臣招募壮勇二千名以备调遣，此次多有呈告奋勇者，开仗亦尚得力，合并附片陈明。伏祈皇上圣鉴。谨奏。

朱批：知道了。

奏报粤匪攻逼湖南省城情形事

咸丰二年八月初三日

湖南提督臣鲍起豹、帮办军务前任湖北巡抚臣罗绕典、暂留湖南巡抚臣骆秉章跪奏：为粤匪攻逼湖南省城，情形危急，并查探城外防剿陕西、九溪等营官兵多有伤亡，现在城兵单弱，亟望应援，恭折由驿奏祈圣鉴事。窃臣等昨因贼匪猝至省城，城中仅存四川、江西官兵二千余名，贼势猖獗，不敷防守，当即飞调驻扎金盆岭之沅州协副将朱瀚管带九溪等营官兵，又咨饬陕西西安镇福诚、潼关协副将尹培立等分带陕西官兵设法围剿，并咨赛尚阿、程矞采迅饬和春管带大兵来省应援，当将防剿情形由驿奏闻在案。二十九日该匪复于妙高峰上对城开放枪炮，如雷如雨，兵勇幸未损伤。臣等指挥弁兵于城上用枪炮击毙数十人。该匪挑土肩石，蚁聚峰上，意欲建筑炮台。臣鲍起豹督饬将备，一面严防，一面用大炮连向轰击，伤毙数十人，哄然四散。经臣等先遣浏勇千余人预伏山下拦头截剿，又毙百余人，浏勇亦有伤亡。该匪仍踞鳌山庙及马姓高屋，于墙隙开枪炮，叠次伤我兵勇。城上击之不中，乃一面阳与接仗，一面密挑胆壮兵勇十余人潜往分投放火，登时鳌山庙、马姓高屋火光烛天，该匪不能存身，亦即纷逃。兵勇又复截杀，该匪拚命死拒，大股继至，寡不敌众。而金盆岭之沅州协副将朱瀚先于二十八日因石马铺陕西营盘失守，前往接应，复有贼绕黄土岭回扑该副将营盘，经兵勇毙贼十余名并手执黄旗贼目一名。二十九日贼复攻围营盘，亦经兵勇毙贼十余名，沅州兵丁生擒贼匪刘启贵等四名，当即斩讫。惟该匪四面攻扑，铅药、火绳、锅帐一切全行抛失，兵勇四散未集。其石马铺之陕西潼关协副将尹培立等管带陕西兵二千名，亦先因与贼匪开仗，尚无下落。该兵勇无人策应，旋亦溃散。次日，该匪时伏于南门外之碧湘街、社坛街近城一带高屋墙内，对城开炮。守垛兵勇奋力下城，杀贼甚众，兵勇亦有损伤。臣等查湖南省城南门、浏阳门、小乌门、小西门、大西门、草潮门、北门，惟南门、浏阳门地势较高，现在该匪麇集南门外之金鸡桥并浏阳门外之较场，时复游弈小乌门等处，人数甚众，昼夜环攻，不遗余力。臣等督饬文武员弁在城固守，已阅数日，兵勇无多，且已疲乏，贼势仍然未退，情形万紧，亟望援兵。惟和春之兵尚未接准咨复，不知已否在途。臣等焦急之至，现又叠次飞咨臣赛尚阿、臣程矞采将前拨安仁之河北镇及邓绍良并张国樑等兵勇六千名先赴省垣，并咨现在岳州防堵之湖北提臣博勒恭武迅带官兵前来应援，又沿途迎提下游川黔等省未到官兵，一面飞咨赛尚阿、程矞采迅催和春带兵来省，以资救应。臣等惟有设法固守，力保危城，断不任稍有疏失。除饬查陕西西安镇福诚并潼关协副将尹培立等如何下落，并连日开仗情形外，所有省城危急，亟望救援各缘由，理合会同钦差大臣大学士赛尚阿、湖广督臣程矞采恭折具奏，伏祈皇上圣鉴。谨奏。

朱批：览奏焦急之至，即有旨。

奏报援兵已到贼势仍属猖獗事

咸丰二年八月初六日

湖南提督臣鲍起豹、帮办军务前任湖北巡抚臣罗绕典、暂留湖南巡抚臣骆秉章跪奏：为贼匪围攻省城，兵勇叠获胜仗，现准赛尚阿、程矞采拨兵应援，贼势仍属猖獗，恭折由驿奏祈圣鉴事。窃臣等昨将粤匪攻逼湖南省城情形危急，并查探城外防剿之陕西、九溪等营官兵多有伤亡，城兵单弱，亟望应援各缘由先后奏闻在案。查该匪等连日用枪炮轰击西南城角一带，经臣等督饬在事文武亲冒矢石，竭力防守，时于昏夜，令兵勇从间道抄杀贼后，该匪猝不及防，击毙数十名。初四日臣鲍起豹先饬川兵川勇下城攻击，复毙匪徒多名，夺获大炮三尊、抬炮三根、黄缎旗一面，生捦长发贼二名，当即正法。并据善化县王葆生禀，所募四川壮勇协同各营兵丁出城，杀毙贼匪无数，并杀毙长发贼一名，割取首级，夺获器械多件呈验。现在该匪于金鸡桥水道开挖，意欲倾陷城池，复经臣等预将火桶安入，烘坏数人。诚恐该匪诡计多端，省城水道甚多，难保不舍此趋彼。虽据原派防石马铺之西凤营参

将阎应敏、平凉营游击张文行会禀，招回兵丁一百四十七名，又汉中营镇标游击刘宗胜册报，招回弁兵七十七员名，西安镇福诚及潼关协副将尹培立等及其余兵丁均尚无下落，又派防金盆岭之沅州协副将朱瀚等所带九溪等营官兵亦均陆续报到。第合之原存官兵，仅止三千有奇。贼众倍蓰，防剿万分为难。适准赛尚阿、程矞采咨开，已将驻扎安仁之河北镇统带河南兵一千名，又派凤凰厅同知贾亨晋管带留衡土兵一千名，又饬已抵朱亭之副将邓绍良管带楚兵九百名，又调驻防永兴之副将瞿腾龙将所带土兵一千名赶紧拔营赴省，并咨和春于大营内酌拨官兵数千名，派镇远镇统带驰赴应援。并准黔省来咨，派调黔兵一千名业已起程。查探新任抚臣张亮基现距楚省仅止百余里，省中居民闻有救援，人心稍为安定。第现到之兵只邓绍良管带之九百名，其余尚未到省，贼势仍属披猖。臣等惟有督饬所属，昼夜筹商，立除凶焰，力保危城，断不致稍有疏失。除函催张亮基星速晋省，并迎提未到官兵外，所有叠获胜仗，现准拨兵应援各缘由，谨会同钦差大臣大学士赛尚阿、湖广总督臣程矞采恭折由驿具奏，伏乞皇上圣鉴。谨奏。

朱批：另有旨。

奏报贼匪大股突至省城必须添调重兵防剿情形事

咸丰二年八月初六日

臣鲍起豹、臣罗绕典、臣骆秉章跪奏：再，此番贼匪大股突至，土匪复多附和，党羽颇众。省垣根本重地，必须重兵防剿。臣等于未准赛尚阿、程矞采拨兵之先，即经飞札辰沅道挑选道勇四百名、苗兵一千名，并咨湖北抚臣、提臣于附近各营分挑选精兵三千名，饬令兼程来省，以期一鼓歼捦。所有添调兵勇缘由，理合会同钦差大臣大学士赛尚阿、湖广督臣程矞采附片陈明，伏乞圣鉴。谨奏。

朱批：览。

奏报援兵到省获胜现在飞催未到官兵迅商防剿贼匪情形事

咸丰二年八月初九日

湖南提督臣鲍起豹、帮办军务前任湖北巡抚臣罗绕典、暂留湖南巡抚臣骆秉章跪奏：为援兵到省获胜，现在飞催未到官兵，迅商防剿，恭折由驿奏祈圣鉴事。窃臣等昨将贼匪围攻省城，兵勇叠获胜仗，现准赛尚阿、程矞采拨兵应援，贼势仍属猖獗各缘由奏闻在案。查该匪连日攻城，经臣等防守严紧，仍敢于南门开挖地道，欲装火药。臣等督饬兵勇将伊药桶焚烧，并掘洞贼匪杀毙。时提标中营把总胡万全亦被该匪火箭中伤殒命。署四川绥定营游击周兆熊、保安营都司蒋立勋等直冲贼队，兵丁赵得华、高昂等亦接踵扑入，跟追数里，约毙贼三四百名，我兵亦有伤亡。讵该匪趁我兵勇上城，复转追击，幸已先派投效之二品荫生魁龄带勇接应。初五日该匪复用大炮对城轰击，子落如雨，将南门城垛打去数尺。该匪愈来愈众，渐渐逼近，正欲乘势扑城，兵勇枪炮、火箭、滚木、擂石齐施，时正危急，适赛尚阿、程裔采饬拨之云南楚雄协副将邓绍良、尽先游击朱占鳌等统带湖南镇算等营官兵九百名先日报到，臣等一面分饬官绅赶紧用石条、沙袋抢筑，一面饬该副将等按六成出队，分两路统带提标、绥靖等标协营共兵五百名围剿。该匪亦转身对敌，我兵奋勇跟追，共计毙匪数十名，割获长发贼首级二颗、耳记十对，夺获旗帜、刀械数十件。该匪仍分踞民房不出，又令各省兵勇放火焚烧，无如砖墙坚固，不能接火延烧，且时已昏暮，随即收队进城。一面赶紧于城上另筑炮台，安放三千斤大炮，以备轰击。现探该匪亦于近城修筑炮台两座，意图抵制，似此猖獗情形，实堪愤懑，所幸赛尚阿、程裔采等所拨土兵一千名亦已赶到。除飞催未到各兵，督饬在事文武昼夜堤防，并筹度万全，再行进剿外，所有援兵到省获胜各缘由，理合会同钦差大臣大学士赛尚阿、湖广总督臣程裔采恭折由驿具奏，伏乞皇上圣鉴。谨奏。

朱批：另有旨。

奏报调遣官兵夹攻贼匪事

咸丰二年八月初九日

臣鲍起豹、臣罗绕典、臣骆秉章跪奏：再，臣等接准新任抚臣张亮基函，现抵湖南之沅江县，因闻省城被匪围攻，当即截留贵州兵四百名，并催前在洪江饬调之苗兵一千名，俟到齐一并管带来省，以期夹攻。计日内谅已起程，合并附陈，伏乞圣鉴。谨奏。

朱批：知道了。

奏报贼匪现在负固不出及催兵防剿情形事

咸丰二年八月十一日

湖南提督臣鲍起豹、帮办军务前任湖北巡抚臣罗绕典、暂留湖南巡抚臣骆秉章跪奏：为连日进攻贼营，负固不出，现已催兵防剿，恭折由驿奏祈圣鉴事。窃臣等昨将援兵到省获胜，现在飞催各兵防剿各缘由奏闻在案。初六日臣等复令云南楚雄协副将邓绍良等统带楚兵按六成出队，并拨川兵五百名、川勇四百名，出城直攻贼营。该副将等饬令备弁将兵勇分作前后两队，后队埋伏接应，前队进攻诱敌，对放枪炮。自辰至申，贼始出巢，我兵前队诈退，诱贼至埋伏之处，被我兵后队冲出，前后合攻，枪炮毙贼百余名，生擒五名，夺获器械十余件。天晚收队。初七、初八连日令邓绍良等统带楚兵并新到之土兵按七成出队攻打城南贼营，并拨川兵三百名随后策应。该兵勇等奋勇进攻，该匪踞巢不出，仅枪毙贼匪十余名，生擒三名，夺获鸟枪一杆，并抛火弹焚烧巢穴。该匪一面救熄，一面对城开放枪炮不绝，仍行收队。伏思贼匪至省，虽叠被歼擒，终未大受惩创。现在碧湘街、鼓楼门、西湖桥、金溪桥一带民房均为贼踞，党羽甚夥，而老龙潭、白沙井、履升典各处均建高台，其地若安大炮，则城中殊为可虑。惟有设计先毁炮台，继焚民房，使彼不能攻我，且无地以自容，厚集兵力分路进剿，庶几一鼓歼擒，不至再留余孽。除再飞催未到各兵外，所有贼匪现在负固及催兵防剿各缘由，谨会同钦差大臣大学士赛尚阿、湖广总督臣程矞采恭折由驿具奏，伏乞皇上圣鉴。谨奏。

朱批：知道了。

奏报调遣官兵防剿贼匪情形事

咸丰二年八月十一日

臣鲍起豹、臣罗绕典、臣骆秉章跪奏：再，准新任抚臣张亮基咨函，现将贵州官兵四百名分派龙阳、益阳，该抚臣暂留常德，俟四川等省官兵到齐，除酌留防堵外，余均亲带赴省援剿。等因。查益阳、龙阳、常德距省稍远，且兵分则单，现在省城危急万分，虽经赛尚阿、程矞采先后拨兵四千余名，尚未到齐，专望川黔等兵应援以期，厚集兵力，以解重围。除飞咨张亮基，催饬该官兵等趱程前进，并亲带赴省会商防剿外，谨会同钦差大臣大学士赛尚阿、湖广总督程矞采附片陈明，伏乞皇上圣鉴。谨奏。

朱批：甚是。

奏报向荣和春等先后驰抵省城连日防剿情形事

咸丰二年八月二十日

湖南提督臣鲍起豹、帮办军务署江西巡抚臣罗绕典、暂留湖南巡抚臣骆秉章跪奏：为粤匪现围省城，广西提督臣向荣、绥靖镇和春等先后带兵来省会商防剿，恭折由驿奏祈圣鉴事。窃臣等昨将连日进攻贼营，负固不出，现在催提未到官兵，并咨新任抚臣张亮基赴省各缘由，奏闻在案。初十日臣等复令云南楚雄协副将邓绍良、永绥协副将瞿腾龙督饬备弁带领楚兵、土兵进攻南门外贼营，先由城左将房屋烧毁，复从右抛掷火弹，烧去贼之哨棚数十间，夺获大小黄旗十余面，毙贼多名。贼仍奔入典铺，于墙孔暗放枪炮，官兵亦多受伤。随即撤回。十一、十二等日贼匪分踞高岭，远瞰城内，两相轰击。经我兵击毙多名，并见马姓屋后忽张黄伞，有数十人垒砌营盘，复督饬沅州协副将朱瀚、永绥协署守备王兴基、长沙县陈丕业、善化县王葆生、委员县丞杨恩绂等各用大炮对准轰击，立将屋顶轰卸，毙贼甚多。时河北镇王家琳管带河南兵一千名来省，次日邓绍良等约会王家琳分路进剿。邓绍良带领楚兵及土兵由城南攻打当铺贼巢，该匪先伏不出，被我兵将街头房屋焚烧数十间，向前逼进，贼由山岭绕至，欲截我兵之后，当即分兵夹攻，奋勇直进。该匪败回旧巢，被我兵枪毙贼匪百余名，生擒一名，割获首级四颗，夺获器械多件。是时王家琳挑河南兵六成，并湖北武昌、宜昌、施南等标协营官兵二十七名，由北路小西门前进，分为两队，离城南贼营箭许，有横港阻隔，该匪半踞该处典当民房，半扎山顶，当即督饬前队抛放火罐火弹，烧毁贼住民房，并将典当高墙打穿，枪炮齐施。该匪由南路后山纷逃。约毙匪二百余人。此次河北镇右营都司姬圣脉等均属得力，而河南抚标左营候补千总武举奎璧、右营候补千总特本图等亲放抬枪二十余次，尤为奋勇，特本图并受矛伤。均因天黑收回。适值赛尚阿、程矞采饬派绥靖镇和春、镇远镇秦定三、副都统衔头等侍卫开隆阿统带贵州等省弁兵二千七百余员名先后到省，和春于十五日卯刻出队，兵勇均按六成，派湖南头起兵并四五起兵为头队，攻打南门外白沙井西头第一座贼巢，派贵州兵勇、楚勇为二队攻打老龙潭第二座贼巢，两面围攻。该逆负隅甚固，坚守不出，仍由墙孔开炮回击。我兵自卯至午，连开大炮，攻打四时之久，约有十余炮打入墙内，经委员陕西候补府江忠源管带楚勇抢至墙边，夺获大黄绸旗一面。该匪匿而不出，不知毙贼多少。兵勇亦有伤亡，于午刻撤队。此连日开仗之实在情形也。查该匪居高负固，所恃砖墙林立，剿既难于成围，焚又不能遍及，我出则伏匿，我归则又攻城，必须步步为营。先规地势，已商令和春于白沙井上首之蔡公坟扎营，王家琳亦于小西门外扎营，均属逼近贼巢，防剿均可兼顾。向荣现准赛尚阿照会来省，于贼情较为熟悉，容俟筹商，设法围剿。惟虑贼情狡谲，或因不能攻克省城潜窜下游各属。昨准张亮基函，于十六日由常德带兵晋省，臣等已咨湖北提督臣博勒恭武由岳州进扎湘阴，一面飞咨张亮基迎头截剿，遏其北窜。并风闻伪太平王实在郴州，刻下大伙均有来省之信，尤须于衡州、安仁、攸县、醴陵一带豫为堵截。臣等亦经密咨赛尚阿、程矞采并两广督臣徐广缙，谆饬将备沿途严密布置，以免串合，则省中贼势既单，剿办便可措手。所有连日接仗及提镇带兵到省防剿各缘由，理合会同钦差大臣大学士赛尚阿、湖广总督臣程矞采、广西提督臣向荣恭折具奏，伏祈皇上圣鉴训示。谨奏。

朱批： 另有旨。

奏报于省城设立军需总局办理会剿贼匪军需事宜事

咸丰二年八月二十日

再，据藩司潘铎详，案查广西匪徒滋事，扰入楚疆，盘踞道州，奉调四川、江西等省官兵并钦差大臣大学士赛尚阿驰赴永州会剿，所需军火、夫马、粮饷、物料等项，均经随时由省办运在案。兹粤匪由道州窜出，攻陷江华、永明、嘉禾、桂阳、郴州、永兴、安仁、攸县、醴陵等州县，现又窜扑省城，调兵募勇防剿，兼资盐粮一切支应较繁，请于省城设立军需总局，专员收支，庶事权有统属，而于办理益昭周密。等情。据此，臣覆核无异，除檄饬遵照外，理合会同湖广总督臣程矞采附片陈明，伏乞圣鉴。谨奏。

朱批：另有旨。

奏谢天恩命臣署理江西巡抚事

咸丰二年八月二十日

帮办军务署理江西巡抚臣罗绕典跪奏：为恭谢天恩事。咸丰二年八月初六日内阁奉上谕："罗绕典着署理江西巡抚，即行驰驿前往。钦此。"窃臣楚南下士，知识庸愚，渥荷国恩，由词垣外放，洊升至湖北巡抚。本年五月，甫因服阕入都，即承恩命帮办湖南军务。到省逾月，未及稍效涓埃，兹复仰荷鸿慈，畀署封疆重任，自惭梼昧，惶悚难名。因念巡抚综制军民，江右地当繁要，自应星驰赴任，惟是贼匪现扑长沙，虽屡经官兵挫遏，尚复诡谲负隅，必俟大兵云集，方能歼除净尽。至湖南浏阳、茶陵等县，皆与江西接壤，犹恐贼匪被剿四窜，急应预防。一面飞咨江西院司各官及交界各府州县并属，密设侦探，以杜偷越。臣俟大学士臣赛尚阿抵省筹商一切，方能定夺迟速启程。所有臣感激下忱，理合附驿具折奏闻，伏祈圣鉴训示。谨奏。

朱批：已有旨，授汝为湖北巡抚矣。

奏为臣向荣抵省会商进剿连获胜仗旋探郴州大股贼匪踵至飞催上下游官兵赶紧应援事

咸丰二年八月二十五日

湖南提督臣鲍起豹、帮办军务署理江西巡抚臣罗绕典、广西提督臣向荣、暂留湖南巡抚臣骆秉章跪奏：为臣向荣抵省，会商进剿，连获胜仗，旋探郴州大股贼匪踵至，飞催上下游官兵赶紧应援，恭折由驿奏祈圣鉴事。窃臣等昨将和春等到省接仗情形，及咨湖北提臣博勒恭武进扎湘阴遏其北窜，并赛尚阿、徐广缙等于衡州、安仁一带堵截郴州大伙来省之路各缘由，奏闻在案。嗣和春等连日督率官兵轰击并放火箭，该匪坚壁不出，仅于墙孔开炮回击，我兵难以得手。臣向荣察看情形，与臣绕典、臣秉章、臣起豹暨和春等密商，于二十日卯时分三路进攻，中路派湖南头二起奋勇官兵、二起奋勇土兵，由白沙井直攻贼营，左路派镇远镇秦定三带同贵州官兵、贵勇、黔勇，委员陕西候补府江忠源带领楚勇，由仰天湖进攻妙高峰贼营，右路派湖南头起奋勇官兵并土兵，由蔡公坟沿城至南门大街，进攻履升当铺贼巢。并于各路酌派官弁兵勇往来接应，河北镇王家琳督带官兵在于西面攻击，俱于寅刻齐到贼营。中路官弁兵勇扑至墙边，争先抢上贼墙，枪炮齐施。该匪于墙边遍插竹签，我军随进随拔，并将贼营外墙一道拆毁数十丈，我军一拥而入，连开枪炮，向内轰击，毙贼多名。时尽先参将郑魁士带同湖南官兵正欲抢上内墙，该匪于墙内并望楼等处连放枪炮，杂以火箭火罐，烟雾迷天。该参将额颅被其枪伤，血流满面，尤复挥兵冒烟攻击，墙坚终难攻入。左路秦定三、江忠源带领兵勇出队，见妙高峰贼巢突出贼匪五六百人，即经秦定三等奋力攻击，立毙贼匪数十人。该匪冒死冲突，我军一齐压下，贼众纷纷败退。右路官弁兵勇由蔡公坟直下，先抛火罐烧毁房屋，并扑至履升当铺墙边，逆匪负固未出，我军叠开枪炮轰击，冒险攻打，并将外墙木板拆毁，乘势拔去遍地竹签，几次扑近内墙。该匪危急拼死抵拒，枪炮不绝，始饬鸣金收队。计此次三路攻剿，毙贼四百余人，兵勇受伤一百四十余名，阵亡十三名。二十一日仍督官兵连以大炮轰击贼巢，贼匪不能站立，轰毙甚多。二十二日查探郴州大股贼匪由醴陵路缘山来省，臣等当即派定兵勇五成出队，迎头攻剿。经秦定三带领贵州官兵，和春督率湖南官兵土兵，江忠源带领楚勇，甫经出营，即见逆匪三四千人分扑贵州、湖南营盘，势甚凶猛。官兵乘势齐力攻击，连开大炮，立时毙贼多名，该匪亦以枪炮回击，鏖战甚久，又毙贼二三十人。乃该匪于接仗之际，忽分贼千余人由东路欲包我军之后，经贵州、湖南奋勇官弁、兵勇、楚勇、土兵奋力迎击，枪炮齐施，继以刀矛相接，毙贼不少，随即败退入巢，官兵亦即撤队。计毙贼一百余名，砍获首级七颗，内长发者四颗，夺获大小黄旗、刀矛、鸟枪数十件。惟贵州朗洞营参将任大贵带兵在前攻打，头被炮伤，登时阵亡；贵州清江协副将德安督兵攻剿，腿受石伤；陕西即补知府江忠源带勇在前，挥令攻击，被贼矛伤右腿落马，经楚勇上前救护得生，并立时将此贼砍毙倒地；此外兵勇亦有伤亡。伏查现今贼势虽屡经挫折，第昨准程矞采来咨郴州大股贼匪于十一、十二等日全行窜出，现探该匪业已来省，势必拼死抗拒，必须大兵围剿，方可一鼓歼擒。刻下新任抚臣张亮基甫经带兵到省，至赛尚阿、徐广缙、博勒恭武等尚无确信。除一面飞咨转饬带兵员弁迅速趱程前进，另筹防剿，并叠咨湖北、江西各省严密堵截，以免窜逃外，所有连获胜仗各缘由，理合会同钦差大臣大学士赛尚阿、湖广总督臣程矞采恭折由驿具奏，伏乞皇上圣鉴。谨奏。

　　朱批：另有旨。

奏谢补授湖北巡抚事

咸丰二年九月初六日

帮办军务湖北巡抚臣罗绕典跪奏：为恭谢天恩事。咸丰二年八月二十八日准湖北抚臣常大淳咨称，本月十五日内阁奉上谕："罗绕典着补授湖北巡抚，俟长沙剿贼事竣，再赴新任，无庸来京请训。钦此。"窃臣以菲材，自本年五月到京，渥承恩训，我皇上眷怀南土，俾臣回籍帮办军务。到省逾月，即奉署理江西巡抚之命，愧涓埃之未效，方感悚以交深，兹复荷鸿慈，补授湖北巡抚，再膺旧任，益戴殊施。念两省虽仅隔一湖，而接年湖北水灾较南尤重，屡蒙赈恤，民气甫苏，近值南省戒严，尤当先事豫防，以安定人心为要务。现在长沙大兵云集，叠挫贼锋，恐该逆被剿逃窜，臣惟有严饬下游水陆要隘，逐处严防，并飞咨北省文武各官，随时侦探，加紧堵截，庶期静扫寇氛，无虞滋蔓。臣俟长沙剿贼事竣，即行束装赴任，借以仰慰宸廑。所有感激下忱，理合具折附驿奏闻，伏祈圣鉴训示。谨奏。

朱批：知道了。

奏为省城连日战守我军各路进攻贼巢获胜臣赛尚阿到省及商筹扫荡事宜事

咸丰二年九月十四日

臣赛尚阿、罗绕典、鲍起豹、张亮基、骆秉章跪奏：为省城连日战守，我军各路进攻贼巢获胜，臣赛尚阿到省后商筹督饬诸军移营，前后合围，克期扫荡，恭折仰祈圣鉴事。窃臣赛尚阿前将自湘潭晋省于路督兵扼剿获胜各情，及臣罗绕典等将省城初二、三日兵勇大获胜仗情形，各专折奏闻在案。先是，臣赛尚阿自衡州起程后，即沿途派弁持令催督赴援省城，及从茶陵、醴陵追贼各军迅速前后并力攻剿。节据向荣等禀，省城兵勇日集，守御加严，城上及各营大炮昼夜向贼巢轰打，并探得贼中粮食渐乏，连日贼船偷渡河西掳掠米谷，踩探路径，似有急窜之意。当经向荣派兵渡河西岸扎营，臣赛尚阿亲督官兵由湘潭南路而来，叠加剿创，又将其阳湖贼巢屯聚米谷尽行焚毁。自总兵常禄等兵追贼，由朱田铺进至洞井铺地方，紧逼贼营。向荣以贼大伙并到，恐其合力攻城，当即添兵登城防守。初三日，令开隆阿带川兵、邓绍良带镇筸兵缒城出剿，秦定三带贵州、湖南及苗兵、楚勇由城外营盘迎至阿弥岭地方，有贼四五千人由南路而来，我军迎击立毙十余名。该逆已渐退下，忽又有贼数百突来助战，退走之贼一齐反扑，兵勇三面攻击接仗甚久，又毙贼七八十人，斩获首级十颗，夺获大小黄旗、刀矛、枪炮多件。是日常禄等营经贼两次来扑，兵勇击退追至贼营，将欲乘势攻入，该逆大众分五股抄来，我军奋力迎敌，仅斩贼首数级，生擒贼数名而还，兵勇亦有伤亡。初四日和春约会常禄等兵移近相联驻扎，卯刻常禄等正在拔营，贼五六千人分股来扑李瑞营盘，枪炮如雨，正在危急，常禄兵分股接应，直冲贼队，贼始败走。乘胜追杀数里，毙贼无数，斩获首级八十五颗，生擒七十一名，夺获枪炮、刀矛一百五十余件，大小黄旗十七面，火药三桶，骡马三匹。初五日，移营至石马铺地方。初六日早，探得贼已分股于我军扎营上游数里渡河，和春等当即出队进攻南门外贼巢，贼于墙孔放炮不出。向荣当派马龙带兵渡河，扎营堵守，豫备跟追。初七日，和春会督镇将带兵齐抵南门外贼巢攻打，该逆仍复坚匿。该总兵等又将各营移扎会合地方察看商定。初八日我军进至金盘岭，该逆出拒，经我兵轰击，旋退入墙施放枪炮，忽复出绕东面，据住岭头，势欲从高压下。

我兵奋攻，贼阵移动，我兵乘势赶杀，毙贼多名，生擒三名，割取首级五颗，夺获黄旗二面、抬枪三杆、长矛三枝。因前面松林恐中贼伏，旋即收队。

连日侦探并获贼供，贼众被剿，米盐缺乏，时常以小艇在僻处偷渡河港乡村，图掳新谷，又想到橐梨市掳船抢货。等语。又据河西各乡团亦纷纷拿送抢劫贼犯送究，臣罗绕典等当飞饬绅耆，于橐梨市小河横钉梅花桩拦截水路，以免贼绕小河冲犯北门之路，一面调署安义镇总兵常存带兵勇二千名驻扎对河以防贼西窜宁乡，北窜湘阴、益阳之路。又经两司督饬首府县各派壮勇潜往河面，烧去贼船十余只。贼见河西既有准备，忽又于上游之见家河乘夜分股偷渡筑营。向荣飞调马龙兵驰往合剿。

至初九、十日，臣罗绕典、张亮基等于城楼遥望见家河上游一带火起，贼众纷纷败窜，系臣赛尚阿所带亲兵潮勇炮船等上扼平塘，将河西之贼窜踞见家河上游者概行剿洗归巢，阳湖等村贼踞房屋及屯聚米谷，尽行烧毁。余贼仍回见家河北岸及河滨踅伏。

臣赛尚阿即日驰晋省垣，与臣罗绕典、张亮基、骆秉章等觌面商议，悉心筹度，并登城巡视，守御俱为严密。贼踞南门外一带，地方屋宇东西数里，经向荣晋省连日用五千斤大炮于天心阁对准贼巢轰击，将其东南鳌山庙、履升当铺、马姓房屋均已打坏，沿城刨穿贼掘地道，已有数处，现令敢勇兵夫就于城外空成横沟一道。惟正南及西南面贼踞房屋尚多完固，日夜贼之枪炮与我城上对相轰击。妙高峰一带地势较高，贼立土城望楼，拒守甚坚。臣等公同筹议，必须四面合围紧密，然后并力捣穴掮渠，不致再虞兔脱，而河西一路已有分股渡河之贼，尤须扼其前路，先为剪除。臣赛尚阿立饬向荣统领新到屯兵及广西兵、邓绍良所带楚兵及马龙川兵、常存黔兵，即日由省城下游渡河西岸，约定与现扎平塘潮勇三千名合力专剿河西之贼，趁其分股势单，犹或易于得手。日内城守正当吃紧，向荣出城后，和春扎营城外天心阁下，与南城楼紧接，当饬与臣鲍起豹协同防守。饬常禄等兵将营分布严堵东面贼窜平江、浏阳等路，与和春、秦定三等兵合力攻打南门外贼巢。十二日，向荣所统诸军渡河始毕，前队抵岳麓山脚马龙新营。马龙、常存、邓绍良等因平塘兵勇炮船下击，即督川黔楚兵迎上，至渔网洲地方攻打。贼从见家河出二千余人，经我兵枪毙数十。贵州护游击曾正川身先冲击，奋不顾身。贼已退走，倏高粮田内突出贼数百人将我兵截断，马龙等分兵迎敌，曾正川首先抢入贼队，短兵奋战，手刃悍贼数人，身受多伤，登时阵亡。我兵正在吃紧之际，向荣飞骑赶到，亲率屯兵已到者约二三百人驰往接应，阵前申谕官兵，如有退后一步者斩，各兵勇一齐奋勇冲杀。该屯兵初到，尤为勇敢，枪炮连环，贼匪纷纷倒地，即时败走。兵勇从岭上压下者，各有斩捵。追杀直过两重山梁，余贼窜归旧巢，或用贼船撑出江心。我兵甫经移营，犹未筑成濠垒，当即撤回兵勇。割献首级十余颗，生擒五名，均已重伤，即时正法。夺得抬枪、鸟枪、刀矛数十件。我兵勇受伤仅二十余名。

查得见家河贼营河边有船数十只，又搭有浮桥一座。是日和春、秦定三带领兵勇攻南门外贼巢，贼三四千人出敌我军。乘其来势，即用枪炮击毙十余人。该逆渐退，我军抢近贼营，刀矛相接，齐声喊杀，又毙数名。贼于墙孔连开大炮，我军站定，该逆几次扑来，均被兵勇击走。鏖战多时，贼势不敌，频闻贼营吹海螺声，南面又有贼一二千人蜂拥而来。我军分路迎击，适开隆阿带兵前来接应，张国樑捷勇并广西提标三勇亦由南路分队而来，我军声势联络，各路兵勇争先喊杀，毙贼无数。贼奔回巢，仍复坚匿不出。我军南面甫经移营，暂行撤队。是日计毙贼二三百名，我兵受伤八十名，阵亡四名。

臣等查贼全伙现踞南门城外，前有坚城，亟须东、西、南三面围定，并力歼除。屡获贼供及侦探贼首杨秀清专力昼夜开掘地道，希图轰陷，现已为我刨穿数处，破其诡谋。我兵各路俱集，逆贼又欲觅路遁逃，幸经平塘兵勇大加扼剿。自贼大伙到来，城外攻扑之势又复凶狠，连日迭加痛剿，贼又坚匿。我军声势渐已联络，惟河西分股之贼尚踞见家河一带地方，河面又有贼船及造搭浮桥，南面绕出平江、浏阳各路甚杂。现在东面和春、秦定三扎营妙高峰脚及天心阁下，与贼营紧逼，枪铳可及，日夜铅丸飞落帐房，彼此极力互相抵拒。南面常禄、李瑞、经文岱、王锦绣等营分布妥密。臣赛尚阿又饬各营分兵放卡设伏，日夜梭巡，防其溃逸，一俟向荣将河西分股之贼先为剿洗，毁其船桥积聚，该逆自成釜底游魂，不难殄灭。臣徐广缙到楚尚无确信。臣等克期定限，亲督将士，殚竭血诚，共相激发，总期一鼓揸渠埽穴，仰慰圣主焦劳。其贵州护游击曾正川临阵捐躯，殊堪悯惜，相应请旨，交部照例议恤。所有连日战守我军各路屡获胜仗，臣等公同商筹围剿，克期埽荡情形，谨会同臣程矞采由驿驰奏，伏乞皇上圣鉴。谨奏。

朱批：另有旨。

奏为逐日各路攻剿贼巢及省城严加守御情形事

咸丰二年九月二十二日

臣赛尚阿、罗绕典、鲍起豹、张亮基、骆秉章跪奏：为逐日各路攻剿贼巢及省城严加守御情形，恭折奏祈圣鉴事。窃臣等前将省城连日战守、我军各路进攻获胜各情奏闻在案。自臣赛尚阿到省后，严饬诸军克期灭贼。城外贼巢防备加紧，河西分踞之贼亦因向荣带兵渡河往剿，又从河东渡贼添扎贼营数处。查自见家河与岳麓山脚贼营中间据地将十余里。

十三日，向荣亲督各兵由排头口，与朱启仁潮勇南北两路进攻，贼众数千排队迎敌。向荣亲冒矢石，率领兵勇数次冲杀，贼自东岸渡船及浮桥过河助战者络绎不断，愈杀愈多。向荣当将楚兵调至河岸迎击，令屯兵等数百人伏于山冲。该逆见我兵分，果有千余贼抢过山梁，欲抄我后，被屯兵突出，枪炮连环，贼多倒地，大败奔溃。向荣督兵大呼冲杀追赶，随将山边贼踞村庄烧毁，贼已全数逃归贼营。是日之战贼多兵少，向荣与马龙分投督战，誓死不退，计毙贼约三百余人，伤者无数，兵勇缴献长发首级十余颗，生捡七名，夺获枪炮、黄旗、刀矛多件，我兵受伤六十余名，阵亡七名。朱启仁潮勇亦计诱该逆出敌约千余人，潮勇等与炮船水陆并进，见家河贼营扛出大炮沿岸拒敌，委员龚耿光、勇目佘平被伤倒地，该员等仍督勇向前，枪毙点炮之贼数名，击伤落水无数。炮船委员张宏邦带勇跃登彼岸，夺获贼铜炮一口，约重四五百斤。贼数百人又由北岸沿河西走，欲从上游过河包袭。尽先参将秦如虎等急率广西兵由南岸沿河飞往迎击，贼伏北岸田礅，被我枪毙多名。兵勇百余凫水过河，乘势冲杀，枪毙骑马红袍贼一名、余贼多名，夺获大黄旗一面、器械数十件，并烧毁北岸田中贼营一个，贼已全数逃往大河边三座贼营。兵勇直追至贼墙，枪炮齐发，骤难攻入，我兵勇受伤数名。

十四日，向荣督兵并传知朱启仁等移营进逼，十五日与和春等约同时两岸进攻。天色未明，闻省南门外炮声，向荣兵出，贼千余人迎敌。我兵枪炮齐击，贼退入营。马龙等催督兵勇一拥直前，至贼墙边，遍地竹签。我兵有退后者，向荣愤极，手杀二人，立饬兵勇将竹签随拔随进。贼墙枪炮如雨，伤我兵勇三十余人。我兵枪炮不能击进，鏖战甚久，势难攻入。朱启仁潮勇连日与贼隔见家河枪炮互击，贼势稍却，即由车坛渡地方涉浅过河，追贼直至贼营，不能攻入。我勇为贼墙枪伤数名。十五日，炮船攻至见家河口，我勇过河冲杀，生捡贼匪一名。贼营复出数百斤大炮，并用大船载炮对击，被我炮船击破二只。

十六七日，向荣将四川、广西兵一律移近，一面出队严阵防护兵夫赶筑营垒，并令潮勇仍由车坛渡过河攻击。潮勇至龙回潭地方，有贼数百踞守。潮勇枪毙数十名，余俱奔回下游河岸贼营。

潮勇直追至贼墙边，贼营开放抬炮，勇目陈元执旗当先，被炮子伤入脑，当时阵亡。余勇将陈元尸身抢回，复被炮伤阵亡二名。朱启仁次日督勇，并令炮船先赴河口助战。贼匪营墙，我勇抢近，仍被墙眼枪伤数名。广西兵等两日夜将营扎定。

十八日，向荣分派各路指攻渔网市、唐家洲、黑石头，贼营各营及附近村庄之贼俱伏墙内开放枪炮。向荣督官兵各勇冒死直前，奋勇兵壮二三百人抢近扒墙直上，贼枪炮及火罐纷纷掷出，伤我弁兵多名，墙外竹签遍地，兵勇足皆受伤，忍死拥扑，竟难攻入。黑石头贼营先有贼数百出于村外开放枪炮，即被我兵奋击伤毙多名。马龙督兵追进村中，将贼踞屋焚烧，贼奔回营。副将明安泰带川屯兵由左家垒绕来，潮勇亦过河进至见家河北岸夹攻，及抵贼墙，枪炮如雨，仍难攻入。是日鏖战六时之久，杀贼过百，惟我军伤亡三十余名，均系敢死直扑贼墙，身被枪炮者，深为可惜。此河西岸数日攻剿之实在情形也。

和春、秦定三兵十三四日分路攻夺妙高峰、西湖桥等贼营，未能攻入。逐日均有兵勇扑至贼墙，被墙孔枪炮打伤及阵亡者。十四日将贼墙外望楼一座、哨棚数间烧毁。常禄兵移营进逼金盆岭，贼营仅一田垒之隔。十四日带兵直攻贼营，一面出队至大河边新开铺地方，筑营分兵往扎。正攻贼营之际，忽贼一股从河边翻山前来接应，被新开铺护筑营盘兵勇击退，追过田沟，贼复踞有土墙抵敌，彼此互有损伤。李瑞、经文岱、王锦绣亦逐日带兵分扑黄土岭贼营。十四日计诱该逆出有千余追赶我兵，翻身转战，毙贼数十，斩获首级三颗，夺获黄旗数杆。贼败归巢，兵勇扑至墙根，枪炮击出，亦有伤亡。

十五日丑刻，和春、秦定三乘夜选带兵勇分投直攻白沙井及蔡公坟下等处贼踞房屋，并派湖南、北兵往仰天湖、二里牌两处接应。兵勇扑至贼墙，冒死直冲枪炮而进。贼墙坚厚，俱用箱柜桌椅层叠，中杂土石，骤难冲击。墙内火罐抛出，我兵多有受伤。惟白沙井贼巢，当我兵扑至墙根，突出二三千人，绕路出袭，势

极凶猛，兵勇乘势迎击，毙贼多名。贼犹死拒，我军直前，刀矛
相接，毙贼数十。我接应兵亦赶至。其攻白沙井苗兵、攻妙高峰
楚勇两路均扑至贼墙，为墙孔枪炮抵拒，不能攻入，俱来会合，
齐力冲突，又毙贼数十人。余贼奔回，我军追及围攻，仍难得入。
是战约毙贼百数十人，夺获鸟枪、旗帜多件，我兵伤亡六名。是
日常禄令张国樑挑出捷勇五百以为头敌，亦于五鼓直扑金盆岭贼
营，捷勇等从炮雨中或伏地蛇行，拔其墙外毒签，或带稻草等物
铺地垫脚前行。勇目蒙成安、梁亚水、欧三、黄泉、许祐五人，
带勇何彩等当先，纵步登墙，用旗招动。奈贼墙高峻，余勇未能
齐登，蒙成安等五人已中贼炮，坠墙身死。何彩等被枪炮伤头面
手足，仍往来冲扑十有余次，殊难复登。李瑞、经文岱、王锦绣
等亦于五鼓直抵黄土岭贼营，火弹、喷筒、枪炮齐施，将贼墙草
棚烧起。贼旋扑灭，仍于墙孔密施枪炮。我兵扑攻数次，叠有
伤亡。

十六日，饬和春等重申军令，并悬厚赏，乘夜不许造饭，于
子刻带兵潜往贼营，乘其不备，一齐扑至墙边，贼始惊觉，枪炮
对击，兵勇冒死直前，颇为用命，受伤多人。自子至卯，仍难攻
入。回营早餐，巳刻复出，攻至申刻。是日鏖战最久，我兵受伤
甚多，阵亡二名，枪炮打入贼墙，约毙贼亦数十名。

十七八日，仍饬和春、常禄、李瑞等分投紧攻，不许稍懈，
令各营所扎地方有距贼稍远者，一律再为进逼，联络周密。此省
城外各路诸军数日攻剿之实在情形也。

臣赛尚阿、张亮基等并于连日密饬邓绍良挑出所带镇篁兵敢
死之士，潜由城边所凿地道突出，烧毁贼巢，趁我各路攻扑贼营
之际，从中杀出。邓绍良兵于十五日由魁星阁城下地洞出至南门
外，攻打碧湘街贼巢。光禄寺署正劳文翮所带彪勇亦随同前往。
贼匪新裕当铺，于墙孔内施放枪炮。我兵奋勇直前，击毙多匪。
彪勇由当铺后墙抛掷火罐焚烧，该匪见火势紧急，蜂拥出巢迎敌。
我兵奋力攻打，枪毙贼匪多名，一面拆毁墙壁。自卯至巳，鏖战

三时之久，讵贼巢匪众已四面迎至，枪炮如雨，我军赤身抵敌，不能骤入，当即撤回。兵勇受伤十九名。

十六日，仍派邓绍良原带楚兵及彪勇于寅刻由魁星阁地洞出攻南门外正街，将贼屋焚烧，该匪即出迎敌。我兵勇奋力向前，该匪退踞墙内，由墙孔施放枪炮。兵勇抢上房屋，抛掷火弹，烧毙贼匪多名，拆毁贼墙，夺获铜叉、（铙）［挠］钩、长矛、鸟枪、刀剑十余件。我兵勇阵亡一名，受伤二十名。

臣等侦察贼情及研获贼供，现在贼中粤匪死党不过数千，惟新附茶、醴、安、攸及郴、桂各属胁从之徒则不止万众，其中亦有私欲逃散，一经贼觉，即被杀戮，群思逸出而不能者。屡次所出解散告示，贼中竟罕能传入。现复拟立招降旗帜，即于城上及各营门或临阵之时坚立，俾贼中咸能通晓，并饬各文武凡有缉获逸出贼犯，果系胁从者，务即省释，期于解散，或收实效。窃计省垣重地，逆贼攻扰已经五旬，现在贼巢戒备极严，日夜枪炮与我城上对相轰击。所掘地道，迭据探报及贼供，仍于为我刨穿数处之外分投开掘，并用木板杉条间以草絮，于各地道中撑拄，意欲尽齐多道，将城脚空垫，然后用火烧去木板等物，使城身塌陷。又造云梯多架及攻城器具，以备并力攻扑。逆谋凶狡，于斯已极。臣等现饬司道督同文武弁兵人等，将沿城西自魁星阁东至天心阁下南门外所凿横沟一道，赶紧再挑深广，令将弁等率兵于我城内凿通贼掘地道，严加侦守。各项守具，如沙土布袋、滚木礌石，种种广为储备。并将获贼带赴城上，指出贼所新掘地道处所，即为开凿。所有登陴将士，日夜巡饬，倍加严紧。城内绅民，亦各加紧稽查，帮同巡缉。城上天心阁所安大炮，仍试准向贼巢未被轰塌之处昼夜对击，危城当保无虞。惟城外贼巢，连日严加督饬攻打，未能得手，焦愤难名。所有各营挑选奋勇兵壮，先登冒死，日有伤亡，臣等目击扛裹而还，殊深痛惜。至河西分股之贼，佥议以为宜先剿灭，绝其生路，并将其浮桥、贼船焚夺，使其不能日夜接济，方能设法聚歼。查见家河至岳麓山脚十余里间径路尤为歧杂，向荣所领之军兵力较单，又多疲弱，连日剿洗，未能应手，缘我兵勇现分两岸兜围，自形短绌。省城攻守，万分吃紧，东、南、西面各营围逼甚紧，其间犹有空曲之处，现在赶加濠垒，补其缺漏，万不敢再为抽拨。刻下臣徐广缙到楚尚无确信，提督福兴所带兵勇闻抵道州，臣赛尚阿当即飞催迅由衡州、湘潭取道河之西岸前来，与向荣之军合力会剿，一面咨明徐广缙，转为催饬前进。臣等当此，惟有殚竭心力，率同文武官民，力保危城，攻守兼施，总期及时速殄妖氛，仰慰宸廑，断不敢有片刻疏懈。所有逐日攻剿及省城严加守御各情，理合会同臣程矞采专折由驿驰奏，伏乞圣鉴。谨奏。

朱批：另有旨。

奏请议恤力战阵亡将弁片

咸丰二年九月二十二日

再，臣罗绕典等前准军机大臣字寄，钦奉上谕："陕西西安镇总兵福诚、潼关协副将尹培立，并沅州协副将朱瀚，现在城外溃兵，如何收集，有无退避情事，查明具奏。等因。钦此。"遵即将查明福诚等阵亡缘由恭折覆奏，并将福诚、尹培立、萨保、塔勤四员身先士卒，奋勇捐躯，仰恳天恩敕部议恤在案。臣赛尚阿等现据向荣呈据陕西西凤营参将阎丕敏将七月二十八日陕西官兵在石马铺被贼冲扑挫折，是日打仗阵亡官弁名数，造册呈报前来。查册开阵亡总兵福诚、副将尹培立、参将萨保、游击塔勤四员，均经奏请敕部议恤外，尚有署陕西抚标右营守备甘肃红城堡守备程大振，提标中营守备格图肯，右营守备郭进城，署嶅屋营守备事千总张元昇，署汉中营守备事千总朱京美，抚标右营千总王天受，把总郑连有，中营外委赵得、王治清，陕安镇千总徐占元，把总方志美，潼关协千总刘成喜，提标千总徐迎祥，署把总朱良升，外委徐文遥、纪克明、王登喜、祁尚寅、傅廷杰，署静宁协千总武举马金柱，东江口营千总米殿功，潼关协把总袁崔，马监营把总王以得，外委马友，会宁营把总孟成汉，中营把总叶占魁、杨灏，平凉营把总石守义，署西凤营把总马禄，邠州营外委黄通河，潼关协外委张魁忠，金锁关营外委马殿蛟、任起林，西安城守外委赵全喜，提标城守外委庞仲贵，平凉营外委任贵，隆德营外委刘仲举，抚标额外外委李振邦、张世杰、周大芳，金锁关营额外外委姚万成，西安城守额外外委何玉，署额外外委蓝翎军功范步云，定远营额外谢濂，均系是日与福诚等在石马铺同时打仗，力战阵亡，殊堪悯惜。相应请旨，敕部一并议恤，以慰忠魂。谨附片具奏。

朱批：另有旨。

奏报咸丰二年九月十九日河西剿贼不甚得力情形片

咸丰二年九月二十二日

正缮折间，据向荣禀报，查得河面牛头洲、水陆洲等处有贼由省城外贼巢用船渡过盘踞。该处为我兵后路，粮运往来要道。现当河水干涸，我西岸兵即可涉浅而过。当于十八日晚密派潮勇三百名、广西兵二百名潜往，初更时分踩水过渡至牛头洲，正在寻觅贼踪袭击，适有同知贾亨晋亦派苗兵五百赴洲焚烧房屋，拟为扎营处所，突然火起，贼已惊觉，豫为准备，彼此未能得手。十九日午刻，臣赛尚阿知河西开仗，与臣张亮基亲至小西门城楼望见洲上之贼初被我兵击败，正追杀间，忽见后面贼来甚众，我兵不支，从洲后面压下，心急如焚。旋据向荣禀，缘该洲地处十分紧要，十九日复派广西、四川屯兵共五百名，潮勇三百名，又调新从东岸渡河之河南兵六百名，一同前往剿捕。又闻岳麓山后之石岭坳、麻石冲、长峰冲等处时有逆匪，百十成群，担运米谷，又经派拨川粤滇兵、屯兵、潮勇前往，三路剿袭，四路兵勇分投前进。向荣亲督官兵从牛头洲上之江神庙一带涉浅渡河，该匪先从树林出贼数百拒敌，总兵马龙亲率兵勇开放枪炮，毙贼多名，该匪不能抵敌，即时败回林内。官兵乘势呐喊追杀，复毙贼匪多名，该匪复从林内拥出贼千余人，又经总兵王家琳督率河南官兵，枪炮连环，横冲而出，立见贼匪纷纷倒地，该匪亦望林内奔回。兵勇三次割献首级十七颗，连烧贼踞村房数处。尽先参将萧逢春、都司姬圣脉率众大呼，首先追杀直入贼队。该匪东岸由船陆续渡过又二千余人分股包抄前来，败走之贼转身拒敌。该匪先于沙洲原安大炮，又从东岸沿河扛出大炮，一齐轰来。向荣当面炮子飞过，与马龙仍督兵勇，分投迎击。该匪势愈汹涌。参将萧逢春、都司姬圣脉等直前冲杀，手刃数贼，身受重伤，当时阵亡。时因贼多兵少，势已不敌，只得撤回。缘复涉水渡河，我官兵壮勇忙遽误入深处，以致溺毙甚多，俟查明再为呈报。是战我兵先已获胜，追杀十余里，斩级夺械，嗣因贼众增多，以致不能得手。臣等目击情形，殊堪痛惜。其石岭坳、长峰冲、麻石冲三处经参将秦如虎、虎嵩林等带兵搜剿，该处居民声称时有贼匪前来抢运米谷，因闻我兵到来，即已遁回。当饬该民等速将米谷全行运开，不许再为资贼。其阵亡尽先参将萧逢春、都司姬圣脉奋勇捐躯，请先敕部从优议恤，其余阵亡官弁，查明再行奏请议恤。所有十九日河西剿贼不甚得力情形，谨附片奏闻。

　　朱批：另有旨。

奏陈围剿情形并连日贼匪猛扑省城叠经官兵剿败事（附清单）

咸丰二年十月初六日

前任湖南巡抚臣骆秉章、帮办军务湖北巡抚臣罗绕典、湖南巡抚臣张亮基、湖南提督臣鲍起豹跪奏：为敬陈围剿情形，并连日贼匪猛扑省城，叠经官兵剿败，仍督率将士相机防剿，恭折奏祈圣鉴事。窃各路连日攻剿贼巢，及省城严加守御情形，业由赛尚阿同臣等会折奏闻在案。臣等伏查省城东面一带，路通湘潭、醴陵、浏阳、湘阴、平江、岳州等处，最为吃紧。我兵自城根扎营绕至河岸，紧裹贼巢，布置虽已严密，然地面辽阔，尚虞贼匪乘隙窜逃，佥议于各营盘空处赶挖长壕，互相连接，隐成琐围之势。

自九月二十日至二十五日督办竣工，臣等一面密致向荣等扼截河西贼匪去路，委员候补知府朱启仁、都司张国樑攻贼南面浮桥，扼其往来应援之路。二十五日总兵和春分饬各营六成出队，辰刻齐抵贼巢。该匪于妙高峰外遥开枪炮抵拒，经我兵击毙数十人，旋退回巢，仍于墙穴施放枪炮，坚伏不出，河西贼匪亦不敢过河助势。二十六日朱启仁、张国樑等复会攻浮桥，河面有贼驾炮船十余只，两岸接应之贼约二千余人，并力救护。朱启仁督勇开放枪炮，向贼轰击，贼匪纷纷落水。潮勇割取首级十三颗，生擒贼匪一名，夺获黄旗、飞龙旗各一面，抬枪、鸟枪、铁叉各一枝，长矛五枝，号衣十四件。二十八日四鼓，向荣进攻河西贼营，张国樑带领捷勇下击，和春督兵进攻蔡公坟，秦定三带领兵勇进攻妙高峰、白沙井，直扑贼墙，逾两时之久，贼仍坚伏不出。

二十九日各营收队。未久，贼于南城西边暗放地雷，城墙切近贼巢之处，砖石飞跃，城身蛰陷四丈有余，贼巢中吹海螺甚急，该匪约二三千人乘势呐喊，蜂拥向前。臣等前已豫调副将邓绍良带领镇箪兵丁八百名入城作为游兵，以资策应。届时邓绍良大呼跃出缺口，手刃数贼，右膊被炮子穿过，尚屹立不退，弁兵一齐抢下。当先贼目手执大黄旗麾众直上，千总赵继宗头受枪伤，登时阵亡，弁兵奋勇向前，立将贼目斩首，夺获太平先锋字样大黄旗一面，乘势压下，一路冲杀，枪炮齐施，杀毙长发贼匪百数十名、短发贼匪约三百余名，余贼纷纷败退，伏匪不出。我兵收队，即在缺口防守。和春见邓绍良被伤，即飞速上城，在缺口代其守御。臣等立饬署长沙府知府仓景恬、善化县知县王葆生督同绅士黄冕等，即夜将缺口补砌，一面嘱和春飞饬城外各营按五成出队，更番叠休，彻夜环向贼营攻击，俾贼匪不得并力专注缺口，一面委员持牌安抚城内人民，各安生理，人心益定。此二十九日贼匪猛扑城垣、弁兵奋勇获胜之实在情形也。

其河西一带，向荣、马龙于三十日五鼓出队，副将明安泰等督兵勇开放枪炮，立毙多贼，尽先参将虎嵩林、参将秦如虎等从上游接应，一面攻拆浮桥，贼亦掉船十数只近桥救护。我兵跃上浮桥，戳毙数贼，揭去板片七段、绳缆数起，乘势夺获贼船二只，贼匪纷纷凫水逃窜，船内拾获大小方旗五杆，长矛、鸟枪、短刀十余件。因河岸贼来渐众，而浮桥两边锚练钩挠扣紧，急切未能得手，撤队回营。查点阵亡抚勇一名，兵勇受伤数名。

臣等连获城外奸细据供，贼匪近日豫备攻具，添挖地道，誓图攻陷城池。查贼匪地道曾经我兵先后挖通数处，现在连月畅晴，水泉枯涸异常，偷挖地道各匪又系郴州、桂阳两处煤矿亡命凶徒，惯于凿险缒幽，不畏深远。而南城左右逼近贼巢，贼匪暗伏墙内，悄挖地道，复从墙穴看准施放枪炮。兵夫手执锹锄，心防丸弹飞击，措手维艰，深虞开挖不能深透。当经悬示重赏，雇募健夫，普加深浚，豫绝奸萌。

十月初二日未刻兵夫正在南月城外加挖壕沟，忽该处地雷轰发，离城根丈许，土石迸裂，尘雾迷漫，兵夫多被压毙。贼匪误谓南城已被地雷轰塌，突出二三千人，蜂拥直前，枪炮齐向城头轰击。和春挥弁兵迅由本营横冲而出，携亲兵二人上城，躬临垛口指挥杀贼。忽贼中一炮飞来，亲兵二人应声倒毙，和春亦被垛砖碎砂扑伤头面，并伤右手。正仓卒间，臣等先夜调取入城候补知府江忠源所带之楚勇六品军功徐以祥首先带勇数十名由城西缺口两旁抢下，直奔贼队，连毙长发贼数名，同时镇篁弁兵亦由缺口两旁抢下，会合和春所带兵勇，三路合力冲杀，喊声震天。鏖战逾时，杀毙贼匪三百余名，贼始退据墙垣，并新筑横墙内舍死抵拒。我兵肉薄贼墙，多受枪炮重伤，始行引退。呈验长发贼目首级七颗，面貌皆极凶狠，夺获中一军先锋大黄旗一面，小方旗多件，器械、刀矛六十余件。此初二日贼匪猛扑省城，兵勇奋勉获胜之实在情形也。

现在仍将城外壕沟赶紧加浚，以防地道；多备守具，以制云梯；悬示投降免死大旗，以散党羽；激励乡团，添拨兵勇，以防窜逸。臣鲍起豹昼夜驻城防守，和春等固守东、南、北三面各要隘，向荣等屯扎河西，钦差大臣署湖广总督臣徐广缙于十月初一日行抵衡州，赛尚阿已于九月二十九日派委总兵阿勒经阿恭赍钦差大臣关防赴衡，计不久可抵长沙，军中各镇将俱有禀承。事权既一，号令维新，冀可立扫妖氛，上纾宸虑。督臣未到之先，谨当督率文武员弁，相机协力防剿，不敢稍有疏虞。惟臣等查贼匪攻扑省垣两月有余，叠经惩创，人心尚属安定。至两次南城轰动，势甚危险，臣等与赛尚阿亲在城上目睹该将弁等奋不顾身，冒险赴战，贼来愈多，士气愈奋，欢呼腾跃，迅厉无前，用能保固危城，歼除凶丑。而该官绅等昼夜凭城，躬冒矢石，多备守具，抢补城垣，实属著有微劳。除和春竭力捍御身受重伤，系派充总统总兵大员，不敢仰邀议叙，此外行间文武官绅奋勉出力者尚多，臣等亦未敢多请奖励，谨择其尤为出力者，先缮清单，敬呈御览。仰恳天恩，俯准甄拔，以昭奖劝而励戎行，庶不至日久生懈。谨会同署督臣徐广缙合词具奏，伏乞圣鉴施行。谨奏。

朱批：另有旨。

清　单

谨将战守文武员弁择其尤为出力者开具清单，恭呈御览。

运同衔署善化县事浏阳县知县王葆生。该员住守南门城上六十余日，运办军火器具，雇募川勇，下城接仗，屡次获胜。九月二十九、十月初二等日贼匪猛扑南城，该员亲督兵勇抢护缺口，昼夜辛勤，不辞劳瘁，拟请赏戴花翎，以同知升用。

长沙县知县陈丕业。该员住守北门城上六十余日，运办军火器械，均无贻误。防守城池，尤极严密，昼夜勤劳，洵属尤为出力。拟请交部从优议叙。

军功蓝翎湖南即补县丞补缺后以应升之缺升用杨恩绶。该员派守南门六十余日，贼匪叠次扑城，该员亲督兵勇，连开大炮，立毙多贼，并襄办一切悉合机宜，洵属劳绩最著。拟请免补本班，以知县补用。

前任江西莲花厅照磨卓异候升县丞萧盛远。该员随营两载，办理文案、剿捕逆匪均属不遗余力。九月二十九、十月初二等日随同总兵和春在南城上保护省垣，不避艰险。拟请以县丞遇缺即选，并赏戴六品翎顶。

云南楚雄协副将邓绍良。该员统带镇筸官兵，赴援省城，屡获胜仗。九月二十九日贼匪用地雷轰坍城垛，该员奋不顾身，首先带兵杀出缺口，大获胜仗，城危复安。右膊受贼抬枪子伤穿透，犹复督兵力战。拟请赏加总兵衔。

湖南永州镇标右营游击朱占鳌。该员赴援省城，屡次打仗奋勇当先。十月初二日贼匪用地雷轰城，经和春饬令该员带兵从天心阁下营盘横冲而出，杀毙多贼，大获胜仗。拟请赏给勇号。

贵州清江协右营都司全玉贵。该员勇敢素著，此次赴援长沙，屡获胜仗。十月初二日贼匪用地雷轰城，经和春饬令该员带兵由天心阁上城从南门西边杀下，与朱占鳌兵会合，奋勇争先，大获胜仗。拟请以游击尽先补用。

四川阜和营都司周兆熊。该员随同鲍起豹守城，昼夜勤劳。九月二十九、十月初二等日抢护城垣，尤为奋勇出力。拟请赏戴花翎。

湖南尽先守备提标左营千总萧知音。该弁打仗勇往，此次赴援省城，屡著战功。十月初二日随同朱占鳌奋勇争先，洵属尤为出力。拟请免补守备，以都司尽先补用。

湖南辰沅道标守备苏元林。该员随同鲍起豹守城六十余日，昼夜巡防，不遗余力。拟请以都司即用。

湖南宜章营守备万年新、镇箪营尽先守备侯光裕。该二员打仗勇往，此次赴援长沙，屡获胜仗。九月二十九、十月初二等日抢护危城，杀贼多名。拟请赏换花翎。

镇箪镇把总龙正耀。该弁打仗奋勇，尤为出力。拟请以千总尽先补用。

把总徐嵘姚、大兴外委尹开泰。均属奋勇当先，尤为出力。拟俱请赏戴蓝翎。

楚勇头目徐以祥。打仗奋勇，尤为出力。拟请以把总尽先补用。

朱批：另有旨。

奏报官兵防剿及贼匪扎营处所情形事

咸丰二年十月初六日

再，臣等查贼匪初至，仅据南城外民房。嗣大伙来自郴州，迤南石马铺、金盆岭，及离城较远之大跳马涧皆有贼踪来往，不可不周为之防。现在省南界六镇所带之兵，除江西九江镇清保兵一千名经程矞采饬由茶陵州撤回江西防堵外，马龙带兵一千余名渡江驻扎，其经文岱、李瑞、王锦绣、常禄各镇所带官兵及张国樑之捷勇与南路贼营逼近，虽屡获胜仗，深恐其回窜浏阳、醴陵等处。其大河以西，现有江苏候补知府朱启仁所带之潮勇炮船，现扎见家河上，其下近岳麓山之渔湾市及牛头洲，贼亦扎有数营。向荣恐贼北窜岳州，西窜宁乡，南窜湘潭、衡州，以重兵扼驻，并可防贼于阳湖等处掳粮，又拨兵勇分扎水陆洲对岸之溁湾市与三汊溪，此河西一带之剿办情形也。至南门外现有和春带兵扎营于蔡公坟，与贼巢相逼，附近如白沙井、老龙潭等处民房，皆系贼驻，故妙高峰左近层叠用兵勇围驻，外掘深壕。此南城一带之剿办情形也。其北门外饷道最关紧要，先仅浏勇三百名防守，继派王家琳带河南兵、候补县丞严正圻带辰勇同扎以护文报饷道。至大、小西门距河较近，现于城外掘壕筑墙，添建炮台，驻兵防守。城上则南门最为吃重，臣鲍起豹昼夜督防，所驻兵弁较多，而各城共一千六百余垛，每垛须兵三名，并以劲兵严守炮台，而城下各门仍须用兵游巡，以防疏失。此城内防守之情形也。所有官兵防剿及贼匪扎营处所，理合绘图恭呈御览，伏乞圣鉴。谨奏。

朱批：知道了，图留览。

奏报剿捕岳州等府滋事土匪情形事

咸丰二年十月初六日

再，前据岳州府属临湘县禀称拿获会匪曾为政、赵以德二名，讯出该县属之桃林地方土匪聚众立旗，扬言自桃林起事，攻扑县城，请拨兵剿办。臣等查岳州虽有湖北提臣博勒恭武统带官兵防堵，而该处饷道攸关，现值粤匪攻扰省城，岂容土匪复行滋蔓。当拨云南昭通镇兵及湖南土兵共一千二百名，委辰沅道钟音鸿管带驰赴该处，会同湖北盐法道王东槐速行剿捕。旋据提臣来咨，匪徒在桃林、杨林等处滋扰，该提臣先后饬派官兵八百余员名、安陆县勇二百名，责成四川维州协署副将西林等会同临湘、巴陵等县驰往迎剿。二十四日在巴陵石步桥遇贼数百，迎击杀贼数十人，贼亡命奔窜，又尾追杀毙十余名，生擒十一名，夺获器械多件，余均逃窜。将先后拿获各犯札饬地方官分别正法讯办，居民安堵。臣等现在咨饬妥为筹办，将余匪速行剿捕，以靖地方。辰沅道钟音鸿带去之兵，即暂驻岳州，以壮声威而资镇抚。又常德府兵力单薄，屡据府县禀称，居民闻贼过河西，惶恐迁徙，一日数惊，迭请重兵防守。臣等查该府与岳州对峙重湖，同为湖南迤北门户，而道路经由河西，尤宜先事预防，早为之所。查前调滇黔官兵来南，必取道常德。前接带兵参将韦中魁禀称，前月杪计可行抵楚境，扣算日期，该滇黔官兵到常德之期，当复不远。臣等已札饬该府县，并咨札云南带兵镇将，暂将滇黔征兵全起截留常德助防，再候钦差大臣相时调拨，庶缓急得以操权，而事机不至坐失。是否有当，伏候训示施行。理合会同钦差大臣署湖广总督臣徐广缙附片奏闻，伏乞皇上圣鉴。谨奏。

朱批：知道了。

奏报留开复尚未引见之补用知府夏廷樾等帮办军务事

咸丰二年十月初六日

再，据总理湖南军需局司道潘铎等详称，粤匪窜扑省城，所有登陴防御、制造军火、承办粮台，在在需员差遣。除在省候补各员，均经饬委，尚属不敷分派，若调实任人员赴省，各有地方之责，恐虞旷废。查有因案奏请开复、尚未请咨引见之候升道员补用知府夏廷樾，前经告病在省就医之候补知县沈世模、余凤鸣，丁忧在省候算交代之候补通判裕麟，前安乡县知县廷桂，前嘉禾县知县师映垣，因案劾参之溆浦县知县薛超文及丁忧回籍现复来楚探亲之候补府经县丞吴坤修、候补未入流钱步滜等，久在湖南，熟悉情形，而夏廷樾、沈世模、吴坤修等兼谙军务，当此省城被围六旬有余，较之寻常军务，情形吃重，该员等深受国恩，亟应及时自效，现复需员甚急，未便拘泥，应请将该员等留省帮办，以资熟手而收实效。等情。前来。臣等查丁忧人员留办军务，例应随时奏明。除饬令该员等妥为帮办，仍俟军务告竣再行分别核办外，谨会同钦差大臣署湖广总督臣徐广缙循例附片奏闻，伏乞圣鉴。谨奏。

朱批：知道了。

奏请饬部宽筹粮糈以资接济事

咸丰二年十月十六日

臣徐广缙、罗绕典、张亮基、骆秉章跪奏：为军务吃紧，兵众渐增，饷糈支用浩繁，吁恳天恩，饬部宽为筹拨，以资接济，恭折仰祈圣鉴事。窃查湖南省前因逆匪在粤滋事，先后调防堵剿，及逆匪窜扰楚境，攻逼长沙，添调各省兵勇合剿，需费甚巨。经前任督抚臣先后奏奉谕旨，饬部筹拨各省饷银，并动支本省司库捐监项下及截留黔饷，接准广东咨会，遵旨筹拨接济共银四百余万两。除已陆续解收外，各省未到银两尚有一百六十余万两，叠经分别奏催、咨催在案。惟查该匪扑犯省城，计日已过七旬，现在粤、闽、滇、黔各省兵勇，均已将次到齐，余丁、长夫等项，日添一日，粮饷、夫马既逐渐加增，而攻守器具尤须随时制备，兼之附近省垣各处地方虑贼被剿溃窜，亦无不添募乡勇，加倍严防。应需经费，较前尤巨。现在司库实存之项不及三十万两，各省未到军饷即令克期全数解到，约计仅敷三月之用，若不通筹全局，斟酌缓急情形，及早据实奏闻，请拨大饷，诚恐辗转解运，贻误事机。所系綦重，惟有仰恳天恩，俯念军务紧要，敕部在于附近各省再筹拨银二百万两迅速拨解来楚，以济要需。臣等仍当饬司严督粮台各委员切实勾稽，撙节支用，务使饷不虚糜，事竣核实报销。如有盈余，造册报部候拨。所有湖南军务支用浩繁，亟应宽为筹备，以资接济缘由，谨合词恭折具奏，伏乞皇上圣鉴训示。谨奏。

朱批：户部速议具奏。

奏报贼匪被剿窜逃省围已解情形事

咸丰二年十月二十三日

臣罗绕典、张亮基、骆秉章、鲍起豹跪奏：为贼匪被剿窜逃，省围已解，各路兵勇沿途截杀分追，恭折奏祈圣鉴事。窃臣等将初旬防剿情形，并两次歼除扑城贼匪各缘由，奏闻在案。伏查贼众分踞省河东西，恃有浮桥来往，出没诡谲无常。节经我兵围剿，叠次将桥拆断，又竖投诚免死大旗，解散胁从乡团，设卡并派弁兵不时雕剿，断其米、盐、硝磺接济，贼势日穷，惟恃地洞，可避枪炮，计图陷城。旋据贼营陆续投降多人，并各团拿获剃去长发脱逃各匪约数百人，臣等恐贼穷极窜出，豫先知会向荣、和春等，将各营追兵派定，而河西龙回潭尤为紧要，催令广西提督福兴作速扎驻，以防疏失。十二、十三、十四等日复在天心阁南门月城西侧及金鸡桥岸，兵夫等从枪炮如雨之中挖出地洞五处，当用火罐炸炮轰入，贼皆熛毙。臣等豫饬将弁兵勇，如遇有警，无分昼夜，不准擅离垛口一步，不准喧嚷，自行扰乱，俟贼抢近，看准戳死。十八日黎明兵勇正在掘濠，贼由旧穴斜穿一洞，忽将南城轰塌一段，宽至八丈有余。贼众蜂拥上扑，时永绥协副将瞿腾龙、永绥把总邓绍英、四川参将张协忠、沅州外委罗宏点等督率兵勇，争先堵击，夺获伪总制罗、伪丞相秦、伪正将军李大黄旗各一杆，随乘势抢下缺口，追击杀毙凶悍贼匪三百余人，夺械无数，兵弁亦有损伤。贼众因三次轰城均经大挫，党伙精锐半已死伤，其逃过河西贼营者，又经朱启仁、张国樑水陆并剿，皆有斩获。十九夜该匪因追剿紧急，乘风雨黑暗，河东贼偷渡西岸，皆由小路翻山越岭，四散纷逃。臣等伏思贼情诡秘，或暗伏山僻，掣动我兵追去，仍扑省城，或由山径上下纷驰，使追兵无可踪迹。河西道路歧出，上下皆可窜逃。正咨饬各营镇将星速拦追，旋据探报各营兵勇陆续拔营分途探截，叠有斩获，乡团亦堵剿获胜，而贼踪是否仍归一路，究难臆揣。当即飞咨署督臣徐广缙急筹策应催追，务期兜剿净尽。至省门现无贼匪，城上仍设防兵，除再确探贼踪，及应办事宜另行驰奏外，所有省围已解及各路兵勇沿途追剿各缘由，理合会同钦差大臣署湖广总督臣徐广缙恭折具奏。再文武官绅在事八十余日之久，身冒锋镝，不避艰险，危城得以保全，可否仰邀奖励之处，出自天恩。伏乞皇上圣鉴训示。谨奏。

朱批：另有旨。

奏报烧毁贼营七座及杀毙发贼等情形事

咸丰二年十月二十三日

再，臣等正在缮折间，据张国樑禀称，二十日丑刻至巳刻烧毁贼营七座，生擒长短发贼十名，夺旗三十三件，贼被枪炮及落水死者无数。又据朱启仁禀称，在见家河堵贼，头起生擒长发贼八十九名，斩获首级二十七颗，夺旗十八杆、抬炮五杆、鸟枪三杆。其炮船水勇在猴子石河下生擒贼十三名，夺获马一匹、船九只、旗械多件，斩获首级四颗，余被炮轰及凫水死者无数。旋即率勇拔营尾追。又据抚标外委张东价并团长禀称，贼由龙回塘窜出至谢家桥，经五福团勇杀毙贼匪三百余人，生擒长发贼十一名。又据乡团唐秩臣禀，在郭思桥杀贼百余人。又云盖团禀，杀毙贼四十余人，贼由小路往宁乡白箬铺逃去。又据探报，各路官兵先后追至白箬铺将贼围剿，杀贼一千余人，生擒二百有余，伪翼王亦经歼毙。等语。臣等查白箬铺距宁乡县城仅五十里，且有小路可以绕往湘乡，探报因贼氛在前，不敢前进。除再确实查探外，理合附片奏闻，伏乞圣鉴。谨奏。

朱批：知道了。

奏报岳州失守急筹堵剿情形事

咸丰二年十一月初九日

臣罗绕典、臣徐广缙、臣张亮基、臣骆秉章跪奏：为匪窜岳州，城池失守，现在急筹堵剿情形，恭折由驿五百里具奏，仰祈圣鉴事。窃臣等于本月初七日曾将追剿情形奏明在案，现据向荣函称，初三日督率常禄等兵勇赶至大荆铺，闻逆匪连夜逃窜，将到岳州，当即拔营追赶，一面专弁移咨在岳防堵之提督臣博勒恭武，嘱其静镇严防，能固守一二日，大兵即可赶到，万勿失措惊惶。乃向荣于初四日行抵岳州之新口铺地方，已闻岳州失守，并有巴陵县走出之犯，讯据供称，岳州官员于初二日先已出城，初三日早，知县亦即出城。至午刻贼匪分三股涌至，官兵全行溃散，城门大开，无人把守，该匪随即进城。城内所有火药、大炮及饷鞘一切均已资贼。等因。臣接报之下，愤懑焦急，难以言喻。查岳州有提督博勒恭武、武昌道王东槐带兵在城防堵，城池亦尚完固。贼即十分猖獗，守御总属有余，但能固守两日，则向荣之兵已至，尽可扼其前窜。乃竟望风而溃，从前所称雇募渔勇，种种防堵，尽属虚文，实属罪无可逭。此时匪踞岳州，水陆俱可窜往武昌。如由武昌北渡，则汉阳、荆州等属无处不当严防，已飞饬向荣派兵四五千名由通城、崇阳一带，迅速绕出武昌，以资援剿。现在贼踪尚无定向，俟确探匪窜何处，臣亦即督率将弁赶往剿办。惟是沿江上下，防不胜防，贼匪奔窜飘忽，稍有疏虞，则豫、皖、江西等处不免震惊。臣徐广缙力小任重，似此情形，断非一人所能兼顾，惟有仰恳皇上天恩，令派重臣分路堵剿，并饬附近湖广各省督抚，专力堵防，俾臣徐广缙专办督剿，庶期迅扫贼氛。其失守岳州文武员弁，俟确切查明，分别严参，按律治罪。臣徐广缙调度乖方，致派往拦截及进剿之兵均未能迅速赶上，咎无可辞，应请皇上严行治罪，以儆玩弛。所有岳州失守及现在筹剿情形，理合恭折由驿驰奏，伏乞皇上圣鉴训示。谨奏。

朱批：另有旨。岳州文武，如此昧良，实出情理之外，着查明严办。此时若不择其尤者正法数人，断不能挽回积习。钦此。

奏谢授云贵总督事

咸丰二年十一月二十九日

　　新授云贵总督臣罗绕典跪奏：为恭谢天恩事。窃臣以菲材，于本年五月初八日蒙恩，命臣驰归湖南，办理团练防堵事务。旋以贼氛骤至，留守省垣。复叠奉谕旨，署理江西巡抚，补授湖北巡抚。涓埃未效，惶悚方深。嗣省城围解，于十一月初三日内阁奉上谕："罗绕典着交部从优议叙。钦此。"旋又钦奉暂留湖南之命，兹于二十六日由督臣徐广缙咨到本月十五日军机大臣字寄，列臣云贵总督衔名。又据贵州抚臣蒋霨远函称，接奉部文，臣已升任是缺。是臣虽未接吏部行知，而渥荷天恩，畀以总制滇黔重任，约经一月之久。念宠荣之逾格，益感悚以难名。伏念滇黔为边徼要区，而黔楚尤多接壤。臣前任黔藩，五年两署抚篆，两省兵制民情，虽得知其约略，而材轻任重，惧弗克胜。兹奉谕旨，暂留湖南筹防贼踪回窜，臣惟有矢勤矢慎，饬练兵勇，劝谕乡团，安辑民心，肃清边界，以期仰副我皇上绥靖南邦之至意。所有臣感激下忱，理合缮折恭谢天恩，伏祈圣鉴训示。谨奏。

　　朱批：知道了。

奏报咸丰二年十一月初四日督饬委员李登洲等拿获土匪首犯文滢祥等数人事

咸丰二年十一月二十九日

　　臣罗绕典跪奏：再，湖南土匪结会抢夺，久在圣明洞鉴之中。

前贼退后，风闻益阳之桃花江、桥头河等处均有土匪肆抢。十一月初四日臣即督饬委员李登洲、崔兰馨等带勇往拿，将首犯文瀣祥、胡洸明等数人获案正法，续获余犯二十余人。抢风已息，逸犯仍饬密拿。十六日回省，闻岳州之青冈、新墙亦有土匪，已经督臣、抚臣派委邓绍良、江忠源迅即严拿。臣思土匪时聚时散，非乡团指踪确查，无从辨认。复派委员赵焕联、曾宲光、余士镜等前往平江、湘阴、巴陵各县，谕令乡团，联为一气，借堵为剿，以助兵势，并分饬各州县一律设卡守险，毋稍松懈。现据探报，邓绍良等连日斩获多人，拿获首犯晏仲伍及伪军师解审，并夺炮械多件在案。臣查湖南与湖北交界郡县，以岳州、常德、澧州为最要，必须搜查土匪净尽，勿使勾引逆匪回窜贻患。今岳州匪党迭经剿洗，而益阳、湘阴、龙阳皆与常德切近。臣在省垣，与臣张亮基共筹守御，一面的实侦探视何处尤为紧要，即当相机督拿，以绝根株。现奉上谕谆谆，断不敢以贼氛较远，致防守少形怠玩，庶边境益见肃清。所有办理缘由，理合附片奏祈圣鉴。

朱批：知道了。

奏报起程前赴襄阳等事

咸丰二年十二月十二日

帮办军务云贵总督臣罗绕典跪奏：为恭报微臣起程日期，并豫筹防堵事宜，恭折奏祈圣鉴事。本年十二月初七日准湖南抚臣张亮基咨到军机大臣字寄，十一月二十九日奉上谕："湖北荆州一带虽有台湧防堵，尚觉空虚，着罗绕典拣带得力文武员弁兵勇，驰赴襄阳，与荆州水陆各兵表里密防，遏贼西窜，俾不得由汉江北驶，则徐广缙、向荣援救武昌、汉阳之兵可资得力。抄底作

'云云'，原底有此等因。钦此。"窃臣以菲材，仰荷皇上天恩，不次升擢。兹复奉谕旨，防堵襄阳，任重材轻，曷胜感悚。伏查襄阳重地，水陆交冲，不仅荆州、荆门相依唇齿，兹贼在武汉则水路或由汉川、天门，或由荆州之沙阳皆可以达襄阳，陆路或由孝感、云梦，或由汉川、潜江皆可以达襄阳，道路纷歧，设防不易。该处之兵屡经遣调，留守无多，而湖南省城所有得力官弁兵勇，节经徐广缙、向荣带往武汉攻剿，现留长沙者惟有陕西兵一千名、镇筸道标兵六百名外，云南兵五百名、河南兵一百九十名皆多疲敝，难期得力，他如常德、荆州各防兵，现形单薄，势亦难分。臣前奉命办理防堵，只就乡村纠勇练团，其各营兵勇，向未主持调遣。现与抚臣再四筹商，只可于陕西营挑兵五百名，派参将阎丕敏管带外，亳勇、川勇各五十名派亳州知州李登洲、候选府经历崔兰馨管带，迅速前往。现接探报，前月二十八日向荣在武昌烧贼浮桥，夺贼营垒，大获胜仗，恐该逆被剿四窜。南省距襄阳一千七百余里，臣未敢远调兵勇，致羁时日，已定于本月十三日即行起程，并一路密设侦探，倘贼踪已窜沙市、公安，则臣宜于常德先筹堵御，如径窜荆、襄则宜设法前进，与台涌共商办理，未敢稍为胶执，致误事机。除一面飞咨督臣，另筹有何兵勇可以分带外，理合先将起程日期缮折由驿恭报，伏祈皇上圣鉴训示。谨奏。

朱批：知道了。

奏为遵旨酌保防守湖南省城文武员弁绅民择其尤为出力者开单呈览仰恳天恩奖叙以昭激劝事

咸丰二年十二月二十二日

帮办军务云贵总督臣罗绕典、署湖广总督臣徐广缙、湖南巡抚臣张亮基跪奏：为遵旨酌保防守湖南省城文武员弁绅民，择其尤为出力者，开单呈览，仰恳天恩奖叙，以昭激劝事。窃臣等接奉咸丰二年十一月初三日内阁奉上谕："罗绕典等奏贼匪被剿窜逃省城围解一折，此次省城防守八十余日，该督抚等统率各员弁昼夜严防，内外夹击，叠挫贼锋，保卫城垣，居民借得安堵。所有在事文武员弁绅民人等，着徐广缙会同罗绕典、张亮基择其尤为出力者，秉公酌保，候朕施恩，毋许冒滥。钦此。"臣等跪诵之余，仰见圣主绥圉保民、微劳必录之至意。窃粤贼自全州窜入楚境，屡陷名城，由间道迅扑湖南省垣，妄冀乘我戒备未严，狡焉思逞。适秦兵在跳马涧失利，贼匪遂长驱直入，肉薄城闉。始则累土成台，乘高俯瞰，继则依山筑垒，伏穴环攻。迨八月二十三四等日逆首洪秀全大股踵至，连营十余里，昼夜攻扰不休，并于时偷渡河西，结营掠食。经我城外各路兵勇屡次截杀，城上守陴将士屡次轰击，其假混入城之奸细立经盘获斩首，城内贫民因被围日久，生理困乏，亦经查明户口，广播皇仁，分别给赈。内奸之萌既绝，外寇之谋益衰，逆贼计无复之，只恃窃踞民房，逼近城脚，得以偷掘地道，暗图轰陷城垣。叠次地雷迸裂，城堞坍圮，我兵反乘机抢出缺口，痛加剿杀。贼匪虽旋却旋前，我兵仍再接再厉。统计此次自逆贼直犯长沙以至解围西窜，剿毙至数千余名之多，防守历八十一昼夜之久。虽臣等调度乖方，未能尽数歼除，致贻后患，然在事文武官绅人等，殚精竭力，实属著有微劳。臣等公同商酌，除劳绩稍次各官绅兵勇，由外记名奖拔，或给予功牌，汇齐咨部外，谨择其尤为出力者分项开列名单，仰恳天恩，俯准甄叙，以昭激劝。至附近省城各属官绅值风鹤交警之日，或矢志防守，或捐资助饷，幸得完守保全，其劳亦未可泯，容俟逐细确查，另行核实，声请鼓励。谨先将遵旨酌保缘由，合词恭折具奏，伏乞皇上圣鉴训示遵行。谨奏。

朱批：另有旨。

奏报参将张协中剿贼阵亡从优给与恤典事

咸丰二年十二月二十二日

再，四川越嶲营参将张协中自调赴湖南军营，与贼接仗，身先士卒，屡立战功。十月十八日贼匪轰卸南城八丈有余，该参将与副将瞿腾龙、把总邓绍英首先抢出缺口，手刃数贼。适贼中炮子飞来，中伤左膊，当经臣等省视慰问，该参将尚勉强支持，以示可用。不料炮子未出，旋即因伤殒命，实堪痛惜之至，应得恤典。合无仰恳天恩，从优给予，以慰忠魂。谨合词附片具奏，伏乞圣鉴训示施行。谨奏。

朱批：另有旨。

奏报审讯贼匪确知首逆萧潮溃石大开毙命情形事

咸丰二年十二月二十二日

再，萧潮溃一犯系贼中著名凶悍首逆，伪号西王。屡据生擒活贼口供，均称该逆遇战当先，匪党均听其指麾，屡次攻陷城垣，实属罪大恶极，此次在南城外执旗督阵时已被官兵轰毙。臣等将信将疑，未敢冒昧叙奏。贼窜之后，复拿获贼党罗五、江华帼、余洸政、刘仁有、李新三、邹德明等六犯，逐一隔别讯诘，佥供萧潮溃实已中炮毙命。该犯罗五等曾眼同殡敛尸首，现埋老龙潭地方，问其面貌、年岁、衣服，言之确凿。当委署长沙府知府仓景恬即带该犯罗五同到老龙潭，令其指点。随起出一尸，年约三十余，头面未腐，尚可辨识，胸膛被炮子洞伤，身穿黄缎马褂，血迹犹新，与该犯等所供一一吻合，其为逆首萧潮溃毫无疑义。适值致祭阵亡将士之辰，即设各将士神牌，臣张亮基拈香行礼，立将罗五等六犯剜心致祭，并将首逆萧潮溃尸首验明枭锉，以慰忠魂而泄神人之愤。至该首逆系何人轰毙，事后无从查核，未便指名奏请恩奖，致滋冒滥。又，伪翼王石大开一犯，前于河西窜出时已被官兵杀毙。其韦正一犯，屡据贼供，在郴州已伏冥诛。惟冯云山一犯，贼党均不知其下落。观贼前于南门外张贴伪示，只写伪东王杨、伪西王萧，并无冯、韦两逆姓氏，所刻逆书亦然。即屡询各短发贼匪，亦茫然不知其姓名。是冯、韦两逆非死即逃，确有可信。查由湖南窜去首逆除洪秀全外，实只杨秀清及次等头目罗亚旺两犯。惟新近裹胁日多，招致土匪不少，其另立名号与否，则未可知。臣等因前有旨垂询是否确在贼营，谨据实附片陈明，伏乞圣鉴。谨奏。

朱批：另有旨。

奏报由长沙驰抵襄阳并沿途查看及筹商防堵粤匪情形事

咸丰三年正月初十日

帮办军务云贵总督臣罗绕典跪奏：为报明微臣驰抵襄阳日期，并沿途查看情形、筹商防堵各事宜，恭折奏祈圣鉴事。窃臣奉命防堵襄阳，业于上年腊月十三日拣带陕西兵五百名并川勇、亳勇各五十名，由长沙起程，途次钦奉上谕："襄阳、荆州一带系陕豫两省门户，最关紧要，前已谕令罗绕典前赴防堵。此时曾否驰往，殊为悬系。着即酌带官兵与台湧会筹办理。等因。钦此。"虽连日风雪载途，兵勇遄行尚无阻滞。旋于澧州接据荆州将军咨称，腊月二十一日有贼窜至汉阳上六十里之蔡店抢掠，并称欲上汉沔，而荆州兵力太薄，应亟调添防兵。并接襄阳府知府樊椿禀称，距襄阳三十里之双沟及叶家店聚有土匪抢劫过客，襄阳存城之兵只有二百余名，不敷防剿。臣闻信焦急，当即调取澧州分防云南兵五百名，令参将韦中魁带赴荆襄一带添防，并将常德防兵五百名移驻澧州以固南省藩篱。察看常、澧及湖北公安一路民情安堵，亦无匪徒窃发，尚可仰纾宸虑。嗣据探报禀称，蔡店虽有贼到，次日即已窜回，其引路之土匪，业被乡团杀毙。及至荆州之金龙寺，面晤将军台湧筹商一切，查看城内满兵共有三千余名，城外关沮口、塘楼子、金龙寺等处分防兵一千二百余名，布置尚为周妥，惟下游自蔡店上至汉川实为荆襄要隘，无兵堵御。臣与台湧商调现驻监利之宜昌镇兵五百八十余名先移汉川驻扎。适奉上谕：添调陕西绿营兵一千名及西安满兵一千名来荆，俟两处兵到，即可以一千名添防汉川。其黄、孝一路现有陕兵一千七百余名，并饬各该州县团练乡勇，以助兵势，严堵北窜之路。臣住荆州四日，于正月初八日驰抵襄郡，急询该处土匪，先经襄阳县拿获要犯杨幺等七名正法，余匪逃散，道路肃清。臣拟于日内迅即委员着实查缉，毋使再行窃发。惟查襄阳水陆交冲，为豫蜀门户，其对岸樊城并无城郭，商贾辐辏，窃恐匪党垂涎。兹臣所带兵勇无多，守剿尚形单薄，一面咨商河南抚臣陆应毂递将南阳防兵移近湖北交界，俾声势互相联络。臣虽才识谫陋，务当勉竭愚诚，督饬在事文武兵勇严拿土匪，盘诘奸细，谨守险要，不敢稍形疏懈，以慰圣主宵旰忧民之至意。所有臣驰抵襄阳及沿途察看筹商各事宜，理合由驿缮折具奏，伏祈圣鉴训示臣。谨奏。

朱批：知道了，办理当妥。

奏报恳饬令湖北抚臣藩臬等员督驻荆襄以便公务推行事

咸丰三年正月初十日

再，臣去腊在长沙带兵起程，因南省库项支绌，只领银六千两。嗣又添调靖州学正赵焕联管带之湘勇三十余名及云南兵五百名，盐粮不敷支发。适于荆州遇有川省解递湖南饷银，委员过境，先行咨明截留银三万两，带赴襄阳，以应急需，理合附片奏闻。

又，臣窃查现在事势，调兵筹饷，刻无可缓。湖北除武、汉、黄三府外，其余七郡皆在省城迤北。兹署督臣尚隔重湖，且道路亦形梗塞，调兵催饷，文报迟迟，各府州县禀商公事，难期迅速筹办，合无仰恳圣恩，饬令现放之抚臣及藩臬两司、盐道、粮道暂驻荆襄，则提解军饷、征收钱粮及各州县公事，皆得有所禀承，呼应始灵，办理较易。且下游淮盐阻滞，盐价增昂，尤应暂准川盐、潞盐接济，庶小民无虞淡食。俟下游贼氛已靖，再复旧规。臣愚昧之见，是否有当，伏求圣裁。谨奏。

朱批：另有旨。

奏为查拿襄阳土匪水陆各道肃清请将添调陕兵先行截回以节縻费事

咸丰三年正月二十五日

帮办军务云贵总督臣罗绕典跪奏：为查拿襄阳土匪，水陆各道肃清，请将添调陕兵先行截回，以节糜费，仰祈圣鉴事。窃臣于本年正月初八日抵襄，业将土匪被拿敛迹并委员确实查缉各情奏明在案。钦奉上谕："罗绕典现已驰抵襄阳，所有团练防堵并缉拿土匪、盘诘奸细各事，着知会台涌一体筹办，不可稍有疏虞。襄阳土匪前据陆应毂奏称派兵协剿，是否已就肃清，并着随时奏报，以慰朕怀。钦此。"嗣准陕甘总督臣舒兴阿咨称，钦遵谕旨，派兵一千名即日来襄，亦在案。臣伏查襄阳民俗慓悍，向多抢劫，久在圣明洞鉴之中。去腊粤匪攻扑武昌，商民风鹤惊心，挟资迁徙，土匪遂乘机肆抢，城内兵单，难资弹压，是以抚臣陆应毂接据襄阳樊守禀函，奏请发兵会剿。嗣经襄阳县先后拿获匪徒多名

正法，安襄郧荆道罗遵殿亦赴楚豫交界之黄渠铺，与南阳总兵柏山会同督拿土匪，纷纷逃散，行旅舟车，均无阻滞。迄臣抵襄后，正在派员续拿，适闻程家河等处于十一、十三四等日因风雪留阻客舟，近河痞棍率领男妇大小在河干抢夺布匹货物，多用牛驴驮载。臣当即分派文武员弁，挑选兵勇往拿。一路由双沟、寇家集、尚家寨、鄢家冈等十余村，又一路由白家集、砖城桥、王家营、龙潭寺等十余村，并下游周家冲、淳河、青冢等村，逐处搜拿，获犯鄢鸣琴、易有道等五十余名，分别讯明正法，起获布匹衣物牛马多赃，交事主分认领去。绅民助拿，莫不感戴皇仁，欢呼载道。柏镇随亦带兵到襄协拿。臣连日派员研讯各犯，多系随时见财邀约，并无一定头目。又多分住各村，此次皆赖先纠乡团，指带兵勇搜查，始无枉误，并非寨旗结寨，必待压以重兵。且恐兵多势大，转致民心惶惑。现在虽未敢云根株尽绝，而道路已就肃清，其余未获各犯，或由乡团捆送，或由兵勇缉拿，逐日收审不绝。臣陆应毂日内即抵南阳，与臣会办，断不敢草率了事，致负圣恩。惟是现带兵勇足敷调遣，省城业经收复，襄民安堵如常，其奉旨所调陕兵，应请截回归伍，以省沿途糜费。除一面飞咨陕甘督臣舒兴阿外，理合将现办土匪情形及截回陕兵各缘由，会同臣陆应毂恭折由驿奏闻，仰慰宸衷悬系，伏祈圣鉴训

示。谨奏。

朱批：知道了。

奏报陕西绿营暂停调赴湖北情形事

咸丰三年正月二十五日

再，去腊将军台涌以荆州防兵单薄，奏奉谕旨派拨陕西满营兵一千名、绿营兵一千名赴荆。迄臣与台涌面商，以汉川为荆襄要隘，先调宜昌镇兵五百八十余名驻扎，俟陕西绿营兵到，一并添防，奏明在案。嗣闻武昌、汉阳一律收复，汉川不必设防，臣与台涌即调宜昌镇兵赶赴武昌，听候向荣遣调。其西安满兵千名，于日内节次到荆，亦由台涌咨候琦善派拨至所。调陕西绿营兵一千名，尚未出关，现已飞咨陕西抚臣，暂令驻扎陕境，并候向荣征调，否则饬回归伍，以免往返之劳。理合附片奏闻。

又，臣前奉廷寄："现在武昌省城业已收复，前已谕令张亮基、骆秉章驰赴省城办理抚绥事宜，荆襄一带是否仍须巡抚驻扎，着即会议具奏。至现在淮盐阻滞，着准其以川盐、潞盐接济，迅即咨部办理。俟贼氛扫荡，仍复旧规。钦此。"臣查现在署任督抚诸臣业经驰赴省城，各属文报已通，自可无庸改赴荆襄驻扎。其暂通川盐、潞盐一节，先经咨商督臣、抚臣，俟接准咨覆，再行核议办理。谨先一并陈明。臣谨奏。

朱批：知道了。

奏请将约束不严之领兵官张衍曾革职审办事

咸丰三年二月二十七日

帮办军务云贵总督臣罗绕典跪奏：为官兵过境滋扰，请将约束不严之领兵官革职审办，恭折具奏，仰祈圣鉴事。窃臣前经钦奉上谕："给事中金肇洛奏兵差骚扰过甚请饬严查一折，着统兵大员严饬将弁，遍行晓谕，兵丁经过地方，于例外丝毫不准骚扰，并着各督抚饬令该州县按例支应，催令前进。如有前项弊端，即将滋事官兵指名禀报督抚奏闻，严行惩办。等因。钦此。"当经恭录转行，凡属带兵之官，俱应恪遵。兹据署湖北谷城县知县樊丙南禀报，本年二月二十一日陕西陕安镇属砖坪营都司张衍曾带领紫阳营、白土营官兵四百六员名，并跟役、余丁、马匹到站，当即照例应付，催令前进。讵该官兵除于盐粮加倍需索外，又勒折船价、水脚、骡头、酒席等项，共钱二百九十余串，凌辱不堪。等情。查此项官兵系调赴大营堵剿，该县既已照付船只，复又勒折船价、水脚、骡头、酒席钱文，实属例外骚扰。据该县所开折席名单内并列有巡捕戈什哈名目，尤为谬妄，该都司漫无约束，亦难保无故纵情弊，若不从严参办，何以肃军纪而饬戎行。惟该官兵业已过境，未及扣留，相应陈明，请旨将陕西西安镇属砖坪营都司张衍曾革职，交署湖广督臣张亮基就近截留审办，并将该都司原带官兵另行派员管带前进。除飞咨署湖广督臣外，理合恭折由驿具奏，伏祈皇上圣鉴训示。谨奏。

朱批：另有旨。

奏为续获襄阳土匪多名地方一律安静事

咸丰三年三月二十七日

帮办军务云贵总督臣罗绕典跪奏：为续获襄阳土匪多名，地方一律安静，并加练联团，严立族规，增设义学，以清盗源，恭折奏祈圣鉴事。窃臣钦奉谕旨防堵荆襄，于本年正月初八日抵襄。案查去腊抢船抢车各匪多未拿获，而十一、十三四等日复探有程家河抢船百余只之信，臣当于雪夜分饬员弁兵勇往拿，获犯鄢鸣琴、易有道等五十八名，嗣又接拿李遂皂、侯之信、郭大安、白升、孙奎即孙贵等四十五名，道路始得肃清。节经奏明在案。以后匪等畏拿逃匿，踪迹莫测，搜缉愈难。臣复激励员弁，改装藏械，购线密探，又拿获董如林、郑得仲、王大抹落等一百二十三名，计前后正法者共二百二十六名，其情罪稍轻分别锁系铁杆、麻石者共一百一十九名，亦在案。

臣伏查上年粤匪窜扰武昌，距襄仅六百余里，人情疑惧，挟资迁徙者甚多。该匪等见财邀约，辄谓地方官堵御粤匪不暇，何能复拿土匪。因是悍黠者乘机而起，即素不为匪之愚民，亦复随同抢夺。襄阳为南北孔道，忽形梗塞，风声传播，远近惊惶，遂以为势难扑灭。臣到后先纠乡团辨认，不敢稍存姑息，亦不敢妄拿一人，是以所获多系著名剧盗，其附从者亦照已行得财之例加严惩办，地方耳目一新。

据道府县禀称，现在早夜皆可行船，独行不须持械，实为近年来所未有。卷查各衙门自正月十四后并无抢窃报案，访之过客，亦属相符。臣愚尤以为弭盗必先正俗，化莠务在安良。现恐乡团力尚单薄，又谕令合数十团联为一大团，声势相通，俾逃匪容留无地。其各处交界，严密稽查，均经乡团册报。又令各族严立族规，刊给训诫条款。并于各乡增设义学五十三处，捐设延师脩脯。其抢犯田产，例应变价赔赃者，计有五百余亩，因现无买主，亦归义学，以补经费之不足。凡宗祠义学皆议于朔望宣讲《圣谕广训》浅解及简明律例，要使父诫兄勉，严禁非为，以期盗源靖绝。随谕各州县一律举行。

至此次文武员弁奋勇缉匪，不避艰险，两月有余，且无丝毫株累。获犯三百四十五名之多。其讯案各员悉心核审，无枉无纵，本皆分所应为。惟臣见其襄办勤奋，不敢没其微劳，谨开列清单，恭呈御览。可否仰邀奖励之处，出自皇上天恩。该地方文武各官当兵单势急之时拿获奸细，保守襄城，又复悬赏添勇，协拿要犯多名。所有应得疏防处分，并求格外鸿慈，从宽免议。

又，臣前带云南兵五百名，已于正月二十八日撤赴大营调遣，其亳勇四十名，亦于二月二十五日饬升任亳州知州李登洲带往安徽。现存襄阳防守者止有陕兵五百名及川勇、湘勇一百二十五名。兹据该道府禀称，襄阳本城守兵不满二百，且上游七府并无实任提镇大员，现闻本省崇阳、通城及安徽、河南均有土匪窃发，若遽行撤兵，恐人心甫经安定，尚不足资镇压。禀请留臣至麦秋过后，再行撤兵。各乡市绅耆亦愿照筹饷事例捐备口粮，以补军饷缺乏。臣念襄阳为两湖咽喉要隘，旁通川陕，不可无兵，只得俯如所请，暂行驻扎以搜余匪。惟以臣上年叠荷圣恩，署理江西巡抚，补授湖北巡抚，因在本省帮办军务，未及到任。嗣蒙恩升任云贵总督，又以在襄防堵，未得奏请陛见。犬马私忧，时抱不安。兹因地方吃重，亦未敢据行北上请觐，应候命下，再定行止。理合将节次缉匪并善后事宜缮折由驿具奏，伏祈皇上圣鉴训示。谨奏。

朱批：另有旨。

奏为恭谢天恩臣前因案失职经部议革职
现蒙恩改为降三级留任谨此叩谢天恩事

咸丰三年三月三十日

帮办军务云贵总督臣罗绕典跪奏：为恭谢天恩事。窃臣于三月二十五日接准署湖南抚臣潘铎咨准吏部知照，咸丰二年十一月十五日内阁奉上谕：本日据常大淳奏，十一月初三日逆匪窜入岳州府城，徐广缙等于初七日奏报，毫无见闻，罗绕典着先行交部议处。经部议请将臣照溺职例革职。等因。覆奏。奉旨："罗绕典改为降三级留任。钦此。"窃臣才识迂疏，奉职无状，既干吏议，弥切悚惶。乃荷高厚之殊施，犹复宽容于格外，仅加薄谴，俾效驰驱。臣惟有益励愚忱，勉图报称，以仰副皇上栽植成全之至意。所有微臣感激下怀，理合缮折由驿奏闻，伏祈圣鉴。臣谨奏。

朱批：知道了。

奏为确查陆应穀所奏各犯情形片

咸丰三年三月三十日

再，前据河南抚臣陆应穀奏称，襄阳土匪旱路新集、烟家店等处为首系郭大安、董如林、易有道，水路董家埠口、古城营等处为首系孙贵乐、玉石即乐二千岁、刘见澜、刘子槐，各聚众一千数百名。又另片奏，委员袁诙拿获吕九一犯供称伙抢。等因。嗣据刘见澜、刘子槐自行投首诉辨，并据该乡绅耆称伊二人素不为匪，出具切实保结。臣未信复查，并出招告，两月有余，无人呈告，其为误传可知。又查襄阳并无乐姓，惟道光十九年有案犯岳绍礼乳名二千儿，贩私犯事，监毙有案。其叔岳友字玉石亦无二千岁之名。现在郭大安、易有道、孙奎即孙贵、董如林均已获案正法，惟岳玉石现饬勒拿。前南阳镇柏山于正月二十一日来襄，至三十日回省，获有董时科、赵金豹等二十一名。又新野县庞家淦及袁诡共拿获张卒猓等二十一名，均解臣处审讯，现惟张卒猓、岳绍堂、赵千孟等三名供称行抢不讳，一例正法。其余查悉原供，多因形迹可疑误拿。其吕九一名亦称素业剃头，并不为匪，均有乡团的保。经臣密访，并派河南解犯来襄之邓州知州王焕辰随同覆审无异，自应交保释归。臣思隔省探报，本难尽实，抚臣陆应毂前当风鹤惊心之际郑重防堵，有所见闻，不得不随时陈奏，经臣复提确讯，未敢稍形迁就，总求办理认真。除一面饬拿各逸犯归案外，应将陆应毂所奏各犯名分别声叙，附片奏闻。臣谨奏。

　　朱批：知道了。

奏为襄阳现在兵勇无多未便进移汉黄并催令宜昌镇兵迅赴下游缘由片

咸丰三年三月三十日

　　再，臣于本月二十七日接准湖北提督臣向荣来咨，以江宁北岸一带需兵甚急，令臣饬将来襄撤回之陕甘兵一千名、湖北宜昌镇兵五百余名赶赴琦善行营调遣。伏查臣于正月来襄，防堵所带陕西兵五百名、云南兵五百名、川湘亳等勇一百五十名，于正月二十五日及三月二十七日节经奏明在案。又于正月二十八日将云南兵撤赴大营，二月二十五日将亳勇饬往安徽，是以前奉谕旨："据胜保奏，饬将襄阳驻守之兵进移湖北汉、黄等处，以备征调。

等因。钦此。"亦即将襄阳兵数咨明署湖广督臣张亮基声叙附奏。兹查陕甘兵一千名已经前赴大营，其宜昌镇兵五百余名，先经向荣咨覆撤回归伍，除即饬令起程前进，及咨覆向荣外，所有襄阳现在兵勇无多，未便进移汉、黄，并催令宜昌镇兵迅赴下游缘由，理合附片奏闻。谨奏。

朱批：知道了。

奏为叩谢天恩恭报微臣起程赴任日期并开列捐输助饷名单拟请恩施奖叙事

咸丰三年四月二十三日

云贵总督臣罗绕典跪奏：为叩谢天恩，恭报微臣起程赴任日期，并开列捐输助饷名单，拟请恩施奖叙，缮折奏祈圣鉴事。窃臣于前月二十七日将襄阳缉匪善后捐饷留兵各事宜，及臣请旨陛见仰求训示下忱，奏明在案。本月初七日，奉到上谕："罗绕典着即赴新任，毋庸来京请训。钦此。"同日又奉谕旨："罗绕典奏续获襄阳土匪多名，地方一律安静，现仍谕令各州县加练联团，俾逃匪容留无地。复严立族规，增设义学，以清盗源，办理尚属妥协。罗绕典着交部议叙。钦此。"伏念臣才识庸陋，未效涓埃，渥荷叠次之殊施，益觉感惭之无地。现当赴任在即，惟有益加奋勉，于边防兵制、察吏安民诸事，沿途留心察访，以期力加整顿。至襄阳绅民各愿捐资助饷，奉旨后臣先遵照劝办，旬日间已收到大钱一万二千二百串、银一千七百六十两，由道发给实收。其续捐者尚源源交纳。谨将收过数目开列名单，核以筹饷事例新章，均属有赢无绌，亦有捐数逾例者，皆出绅民情愿，并无抑勒情弊。伏求圣恩允准奖叙，庶捐生益乐输将。现在署安襄郧荆道庄受祺于本月初八日到任，即可督同府县接办银钱汇交道库，详请本省藩库实收咨部，换给部照到司，以便捐生承领。至缉匪为襄阳要务，恐以后余匪逃归窃发，自应恪遵谕旨，由署督臣张亮基、抚臣崇纶严饬地方文武妥办团练，随时侦缉，不可稍有疏懈，以期净绝根株。其川勇、湘勇一百余名，臣先饬委员赵焕联、崔兰馨由水路带赴荆州一带，查缉逃匪，顺道分饬归籍。所有陕兵五百名，俟二麦收毕，始给口粮归伍，以副民望。臣拜折后即于二十四日起程。所有微臣感激荣幸下忱，谨缮折叩谢天恩，并将现办捐饷事宜及起程日期一并声明，由驿具奏，伏祈皇上圣鉴。臣谨奏。

朱批：罗绕典奏捐饷各生请奖，着该部核议具奏。单并发。

为道经常德距家甚近恳赏假省亲
随即速赴新任奏祈圣鉴事

咸丰三年五月初十日

云贵总督臣罗绕典跪奏：为微臣道经常德，距家甚近，吁恳天恩，赏假省亲，并将去岁经手办理团练要件检送湖南抚臣备查，随即速赴新任，恭折奏祈圣鉴事。窃臣于四月二十四日自襄阳起程，曾将捐饷请叙撤兵各事宜专折奏闻在案。由襄阳、荆州至澧州入湖南境，沿途察看民情安靖，水陆肃清，盗贼屏迹。间有未获各匪，闻拿远审。询及地方官，现在勒缉加严，均足仰纾宸念。五月初八日行抵常德，伏念臣籍隶安化，由常德山路至臣家仅二百余里。臣继母氏文今年八十五岁，去腊臣自省赴襄，因军务紧要，内顾未遑。兹以云南道远，时值炎夏，势难迎养，不得不便道归里省问，稍遂孺私，俾老母诸事放心，感戴皇仁，当必益增健适。至臣去岁遵旨回籍，团练缉匪，多与院司各官面商办理。兹南省大员叠次更易，所办原案，难于尽悉始终。臣以省亲之便，亦可将未联各团之绅耆、未获各犯之名姓再行检出，交送署抚臣骆秉章备查，以免疏漏。计除往返程途约十日内外，即可趱程赴任，以速补迟，期无阻误。惟有沥情陈恳于君父之前，庶公事私情两有裨益，仰赖天恩之高厚，益深感激于无涯。所有臣吁恳下怀，理合由驿具折奏闻，无任感悚之至。臣谨奏。

朱批：另有旨。

奏报沿途雨水田禾民情事

咸丰三年五月初十日

再，臣起程后，沿途查看襄阳、荆州一带二麦渐次收毕，共庆有秋，旸雨应期，秧苗栽植，青葱可爱，米价较前平减。澧州、常德各处栽秧较早，连得透雨，民气安恬，地方静谧，均足上慰宸怀，理合附片具奏。臣谨奏。

朱批：知道了。

奏报接篆日期并谢天恩事

咸丰三年七月十八日

新任云贵总督臣罗绕典跪奏：为恭报微臣接篆日期，叩谢天恩，仰祈圣鉴事。窃臣前在襄阳，钦奉谕旨，即赴新任，业将起程日期恭折奏闻在案。嗣五月初十日常德途次复缮折仰恳圣恩，准臣顺道归里省亲。是月十四日抵家，幸老母精神康健，勉臣力图报效，勿以内顾纷心。举家欢聚，无不感激鸿慈体恤周至。臣即将上年团练缉匪各文卷、名单查送湖南署抚臣骆秉章存案，于二十五日由桃源间道南行，一路幸无延阻。及抵黔省，留住两日。询悉抚臣蒋霨远，各属民情静谧，旸雨均调。虽值六月停操之时，未遑沿途阅伍，而面晤署提镇各官，均称兵弁差操，益知勤奋，足慰宸廑。旋于七月十五日到滇，准调任闽浙督臣吴文镕委员恭奉王命旗牌、关防赍送前来。臣当即恭设香案，叩头谢恩，祗领任事。伏念总督兼辖滇黔军务，边防安民察吏，均关紧要，而度支艰于协拨，撙节尤属要图。以臣材识谫陋，遽膺重任，深惧弗胜。现值东川回匪滋事，虽屡经惩剿，尚未敉平。其良善亟宜安抚，以释其疑，其凶徒尤当严惩，以弭其患，务使法立知恩，庶汉回可期永靖。臣于滇省情形，多未谙习，惟有殚竭愚忱，切求机要，与抚臣吴振棫详细酌商，以期勉副我皇上戢暴安良绥靖边疆至意。除将接篆日期恭疏题报外，所有微臣感激下忱。理合缮折恭谢天恩。伏祈皇上圣鉴训示。臣谨奏。

朱批：知道了。

奏报滇省调往湖南防兵一千名可否暂赴东川会剿事

咸丰三年七月十八日

再，臣自过黔后，沿途探听回匪马二花等滋扰情形，现由寻甸窜入东川，沿途时有抢掳。官兵追剿，未甚得手。其镇将畏葸不前，已被参劾。兵力尚疲，行抵易隆，适有滇省调往湖南防兵一千名先后过境，窃计臣由本籍起程时，湖南虽尚设防，幸无贼

踪窜入，亦无催调防兵之檄，而东川回匪事经数月，聚散无常，
情形甚为诡诈，惟恐四处裹胁，日聚日多，不若调此生力之军暂
赴东川会剿，以期迅速蒇事。一面知会湖南抚臣该防兵是否可以
截留，以节縻费，兼有黔省查勘滇黔边界委员汪申禄、李琛、吴
德容等正在途次，臣即委令迅带乡勇数十名前往东川，密查该镇
将等被参后是否尚知愧奋，回情是否渐知慑服，除马二花一股外，
有无续招入党之匪，迅速禀覆。东川山路丛杂，侦探务得实情。
到省后面商调任闽浙督臣吴文镕、抚臣吴振棫，意见相同。理合
将调兵添剿及委员侦探各缘由附片奏闻，伏祈圣鉴训示。臣谨奏。

　　朱批：知道了。

奏报黔省总兵乏员恳准暂留升任总兵以重苗疆事

咸丰三年七月十八日

　　新任云贵总督臣罗绕典、贵州巡抚臣蒋霨远跪奏：为黔省总
兵乏员，恭恳圣恩，俯准暂留升任总兵，以重苗疆事。窃照前督
臣吴文镕于咸丰三年六月二十六日接准部咨，六月初二日内阁奉
上谕："广西左江镇总兵员缺，着色克精阿补授。钦此。"当经转
行钦遵在案。查色克精阿现在署理镇远镇总兵篆务，自应委员接
署，以便该镇交卸起程。惟臣等伏查黔省四镇，古州、威宁二镇
总兵均未到任，安义镇总兵现署提督篆务，镇远镇总兵出师江南，
其副参等将均已分别调署他缺，一时委署实属乏员，兼以各营将
弁亦须有大员为之表率，庶差操益形整饬。合无仰恳天恩，俯准
将色克精阿暂留署镇远镇篆务，俟接替有人，再行饬令该镇交卸
赴任，以重苗疆。臣等为郑重营务起见，谨合词恭折具奏，伏祈
皇上圣鉴训示。臣谨奏。

　　朱批：另有旨。

奏报滇省添局广铸制钱试行搭放以裕军储事

咸丰三年七月二十七日

云贵总督臣罗绕典、云南巡抚臣吴振棫跪奏：为滇省添局广铸制钱，试行搭放，以裕军储，恭折奏祈圣鉴事。窃臣等于六月二十六日接准户部咨，称滇黔两省岁用，以兵饷铜本、铅本为大桩。不特养兵需饷，即矿厂食力者实繁有徒，亦未便令其失业。莫如令提镇驻宿重兵之处，广铸制钱充饷。其附近水次地方，添炉另铸大钱，船运四川、湖南、湖北等省酌量易回银两配支周转。此项大钱应准民间交纳地丁税课，以便流通。并将户部所铸大钱式样颁发，令其仿照铸造，务须力图补救。等因。奉旨："依议。钦此。"臣等伏思钱法之流通，视银价之低昂为准，必使以钱易银，无虞亏折，斯制钱自易通行。溯查滇省自康熙、乾隆年间省城及东川、大理、楚雄、永昌、曲靖、临安等府并广西一州，均曾开炉铸钱，搭放养廉、兵饷及各厂工本、运脚有案。彼时纹银一两止易钱一千二百文，除搭放归本外，尚有子钱余剩。自乾隆四十二年后钱价日贱，搭放维艰，经前督臣、抚臣奏准将各局次第裁撤，酌留宝云、宝东两局之三十八炉铸钱，分搭养廉、兵饷、厂费及鞭祭、铺饩、驿堡等项。此从前设炉搭饷之原委也。今则银价一两增至钱一千八百文及二千数十文不等，臣等接奉部咨后，细加商酌，即照一千八百文搭放，成本已属不敷，领钱者尤非所愿。惟值此经费支绌之际，不得不变通补救。况以出铜出铅之地，惟冀钱法疏通，方可补苴匮乏。除省东二局业经前督臣吴文镕及臣吴振棫奏明加炉加卯以铸出钱文抵放各厂工本、运脚，旋经路南、易门两州县请领所管厂地之工本、运脚，即照每两一千八百文银价，以银四钱六搭放，由厂员再四开导，砂丁始肯具领。试办两月，尚觉相安。又查宁台厂所产铜斤额多数重，砂丁较众，所需工本、运脚较繁。当即饬令委员造炉募匠，约两三月即可开铸。其曲靖、临安二府附近之厂出铜尚多，已饬令赶紧筹办。其永昌、楚雄各府州能否设局，亦令该管道速行确查议覆。至于建设炉房、制备器具及匠役各项开销，总期通盘计算，不致大有亏短，难于补苴，方有裨益。一俟加铸之钱足充搭放之用，即酌量各局与各营远近，核定搭钱之多寡，不令多糜脚费，以期事可必行。至于铸用大钱体轻值重，可望成本易敷，以补银两之不足。俟部颁式样到滇，即当仿照制造，既可输之公项，自益利于轻赍。将来铸钱日益充盈，再行筹办运赴邻省易银回滇之法。如有窒碍，亦即据实具奏。此外如广觅银厂，试采抽课，本属滇民兴利之常，自当饬地方官随时申劝。所有筹款添局、广铸制钱各缘由，除咨黔省抚臣蒋霭远筹酌另奏外，理合就滇省现办情形合词恭折奏闻，伏祈皇上圣鉴训示。谨奏。

朱批：户部查议具奏。

奏报遵旨筹议接济部库要需谨陈滇省酌办事宜事

咸丰三年七月二十七日

云贵总督臣罗绕典、云南巡抚臣吴振棫跪奏：为遵旨筹议接济部库要需，谨陈滇省酌办事宜，仰祈圣鉴事。窃臣等于本月二十二日准户部咨，咸丰三年六月二十八日奉上谕："现在部库存银不敷支放，自宜迅筹接济。前议暂停各官养廉，除山西业经覆奏外，其余并未议覆。至各省现均筹办捐输，想已各有成数，一并行文催令随时具奏。至各省仓谷，均可酌量售变，以济饷需。等因。钦此。"当即钦遵行司去后，臣等伏查滇省度支多借资于协拨。本年奉拨各省银一百二十余万两，收到者不及十分之一，筹画殊形支绌。而现当军储缺乏，宸虑焦劳，何敢以筹议维艰，不复竭力图维，先其所急。因与司道各官再三商酌，但能稍有裨补，亦当勉应急需。查减支养廉一款，前经奏明，每年共可扣停银一十一万余两在案。其各属额储常平仓谷，除节年动用借放及永昌、云缅军需碾运与清查案内提补未完等款外，实存谷、荞、青稞四十四万八千余石。一省之大仓储仅有此数，本属无多，且滇省民贫地瘠，舟楫不通，一遇水旱偏灾，全赖官储接济。又如现在迤东回匪滋事，即借此应付兵勇口粮，兼时近秋收，粮价平减，亦复艰于出粜，臣等未敢轻议售变。至劝捐助饷，叠奉谕旨，敕令速办，虽滇省绅商士庶素少殷实，亦宜实力敦劝，以期踊跃乐输。现在筹饷大捐，先后捐获银二万八千余两，又各官助饷银五万一千余两，业经奏报外，仍督饬各属实力劝输，俾皆仰沐皇仁，悉得及时报效。至现在拨解部库无款，莫由少济急需，弥深惶悚。惟查粮道库收存昆明县各仓奉部粜变谷价银六万五千两，又各属未经买补仓谷价银四千余两，又清查案内，各属摊补缺谷价银八千余两，又藩库收存捐监正项银九千余两，共银八万六千余两，前经奏请拨入滇饷供支，旋奉部覆，令俟浙饷解到收还原款，兹浙饷尚未解到，可以转计通融。覆查本年秋冬约扣养廉银五万余两，又解部颜料项下本年应拨青斤石矿价值、马脚、盘费等银四千余两，又另款实存捐监正项银三千余两，合以前奏拨入兵饷支用之捐监等银八万六千余两，共约计银十七万余两。即请敕谕浙省于应解滇省饷银四十一万九千五百两内先行酌提十七万两就近解交部库，毋庸解滇归款。其前拨谷价、捐监银两等款，请径开除，又另款实存捐监及捐输停办颜料价银及停发秋冬养廉，亦即拨作滇饷支放。如此一转移间，既可免筹拨往返之繁，而解款亦得迅速到部，其截明细数应俟再行分析报部。除黔省筹议各款应俟抚臣蒋霨远另行核办会奏外，所有滇省现办情形是否有当，理合会折具奏，伏祈皇上圣鉴训示。

谨奏。

朱批：户部速议具奏。

奏奉谕行用银票设立官钱局事

咸丰三年七月二十七日

再，本年七月二十五日准户部咨，钦奉批谕，饬令各直省行用银票设立官钱局一案，臣等现已觅有空屋，可以设立官局。一面招募殷实商人，俟银票及大钱样式颁发到滇，即遵照部议章程悉心筹办，总期通变尽利，渐推渐广，行之日久，成效自著。其有未尽事宜及因地因时不能拘泥定法者，自当另议变通，庶几下顺人情，上裕国用，有裨益而无窒碍。其一切支领之款应如何按成搭放，及省外有无可设分局之处，统俟妥筹定议，另行奏咨办理。理合先行附片具奏，伏乞皇上圣鉴。谨奏。

朱批：知道了。

奏报东川寻甸一律肃清情形事

咸丰三年八月二十二日

云贵总督臣罗绕典、云南巡抚臣吴振棫跪奏：为追剿回匪大获胜仗，首犯被擒，余匪杀伤无数，难回就抚，东川、寻甸一律肃清，恭折奏祈圣鉴事。窃臣绕典自入滇境，访闻回匪被剿回窜东川，恐其沿途裹胁，当截滇省调楚防兵一千名会剿，并派委员带勇密查，于七月十八日附片奉明在案。臣接篆后连日据委员汪申禄、李琛、吴德容探报，该匪沿途裹胁，行至距东川府城八十里之翠云寺小雪山盘踞，约五六千人，意在俯窥郡城，势复猖獗。查小雪山接连竹园箐、凤凰厂、大木头、核桃树等处，下至三官庙回村，由三官庙至闸塘口者海前，越鸭栏江即系贵州威宁地界，回村甚多，急应防其分窜。时吴德容即星夜折回贵州招集练勇三百名，署贵西道张锁正在边界防堵，亦派得胜坡巡检朱轮带练二百名以防为剿，该练勇等随同奉调之威宁游击富忠均冒雨兼程赶到听候调遣。等情。臣绕典、臣振械当即会商，该匪此攻彼窜，势难久踞山梁，惟有先扼要隘，绝其米盐，方免四出裹胁，并立招抚及专剿马二花一股旗帜，庶难回解散，不致玉石俱焚。随飞札护昭通镇王国才伏兵闸塘口，以防者海之路，又饬游击杨遵、阿克敦布扎兵三道沟，攻其前路，武童王正昌、耿应科带领乡练堵御左右岔口，委员汪申禄、李琛、吴德容及把总毕金科、外委高天泽带临（沅）［元］兵及督练百三十名为前队，会同总兵常存大队进攻。探得贼匪于二十九日乘夜由小雪山东窜，该兵练等即于八月初一日拔营星驰追剿，行至柳树村，突有回匪千余人拦阻，该兵练一拥前进，杀伤三十余人，该匪败走。追至翠云寺，搜其巢穴，匪等折回，复拒我兵，乘胜奋击杀伤无算，夺回枪械百余件。匪乘月黑翻山越岭，逃往三官庙回村，遗有老幼妇女六百五十四人跪地求抚。当即扎营大木头，将该难回造册押赴东川府城讯明递籍。初五日王国才带兵抵闸塘口，正在安营，忽见回匪四五百人逃窜，带有骡马数十匹，惊见我兵堵其去路，持械扑来。我兵奋勇截战，夺获刀矛五十余件，追杀悍回六十余名。惟外委李兆玉穷追坠马遇害，余无伤损。随即立营坚守。是日，临（沅）［元］兵及督勇会同三道沟兵弁两路搜山，突遇凤凰厂回匪二百余人接战，兵练齐心奋勇，生擒贼匪五人，杀毙八九十人。余匪滚崖归穴不出。该回屡被挫衄，兼连日大雨，米盐已尽，又各处堵截，无路可逃。被胁各回望见山上招抚旗帜，纷纷赴营膝行求抚，并诉马二花党羽剿杀后，仅余十余人尚欲勉强纠众抗拒，惟求委员入寨晓谕，以全民命。次日委员李琛单骑先入回村谕令回众，将首犯捆献，如违，立即攻剿无遗。初十日移营核桃树，直逼贼巢。难回正欲捆献，马二花已带匪党十余人逃去，即被兵勇于山箐擒获到营，余匪拿获正法。查点难回男妇共一万三千余人，分起派员解回本籍安插，其房屋被烧者量加抚恤。该员等查自东川至寻甸地方一律肃清。十八日马二花囚押到省，经臣绕典、臣振械会审，押赴市曹凌迟处死。旋饬奉调防兵仍往楚省，余俱撤回滇黔本营，练勇撤令归农，并饬地方官以汉回既有宿仇，务宜随时劝谕解散，俾各安本业，永释争端。此次添兵添练，该文武员弁等剿抚兼施，尚为妥速，皆属分所应为。惟臣等见其风雨奔驰，不避艰险，不忍没其微劳，可否择其尤为出力者酌量保荐之处，出自皇上天恩。至该地方文武各官虽未能防范于前，而堵剿帮办不辞劳瘁，功过尚足相抵，恳求圣恩免其议处。所有剿匪获胜、首犯就擒、地方安靖缘由，理合缮折由驿具奏，仰慰宸廑，伏祈皇上训示。谨奏。

朱批：另有旨。竟书名不书姓，乃咨行文移之积习，岂可入奏？殊属怠慢，均着饬行。

奏报劝谕官民捐输归补兵饷要款情形事

咸丰三年八月二十六日

云贵总督臣罗绕典、云南巡抚臣吴振械跪奏：为剿办回匪经费，劝谕官民捐输，归补兵饷要款，恭折具奏，仰祈圣鉴事。窃照滇省汤丹厂回匪滋事，经前督臣吴文镕先后饬调滇黔官兵四千余名，并招募练勇会同剿办。臣罗绕典到滇，又截留调赴湖南兵一千名。前赴东川会剿，数月以来，支发兵练口粮、盐菜，又巧家、寻甸、会泽三厅州县地方被难汉回民人酌量给予抚恤所用银两，现在甫经蒇事，尚未能截清细数，就已支已发者，核计约需银十万两有余。前因无款可筹，奏明在于盐课项下暂行垫用，另筹归补。惟盐课本系正款，凑发各营兵饷，本年各省协饷不能解滇，断难悬待，是此项垫款尤应急筹归补之法。查归补永昌军需一项，系奏明按年摊扣，至今尚未全数摊完，此时若照旧案接摊，固属遥遥无期，即再立摊案，不特养廉减支之后事属难行，且以数年为期，亦属缓不济急。臣等再四酌商，惟有劝谕官民竭力捐输，以期济用。虽滇省民贫地瘠，与他省情形不同，而官斯土者固当各尽微忱，即绅民自顾梓桑，亦属分所当尽。众擎易举，积累可以成多，至小丑跳梁，原不能与楚粤军需并论，而急公好义，其为筹饷则事无二致。合无仰恳皇上格外天恩，凡有情殷报效者，准照筹饷事例及现行常例，按其所捐银数加以鼓励，则众情更形踊跃，归补要款，不致虚悬矣。如蒙俞允，俟捐有成数，再行开列清单，吁请恩奖。倘所捐之数于归补仍有不敷，容臣等另商筹办。所有现办劝捐归补缘由，谨恭折具奏，伏乞皇上圣鉴训示。谨奏。

朱批：户部核议具奏。

奏请准仍以陆凉州马宏图升补元江直隶厅知州事

咸丰三年八月二十九日

云贵总督臣罗绕典、云南巡抚臣吴振棫跪奏：为要缺直隶州知州遴调乏员，仰恳圣恩俯准仍以前题之员升补，以裨地方事。窃查云南元江直隶州知州李令仪烟瘴三年报满，撤回内地候升，业经前督臣吴文镕等具题，请以陆凉州知州马宏图升补。兹准吏部议覆，查奏定章程内开，嗣后州县以上应升缺出，应令该督抚先尽各项著有劳绩应升人员拣选升用，如实因人地未宜，亦必须于折内声明，方准于合例各员内照例请升。今该督疏内仅称通省直隶州同知通判知县内逐加遴选，非现居要缺，即人地不宜，并未声明有无著有劳绩应升人员，核与章程不符。所有该督等题请将陆凉州知州马宏图升补元江直隶州知州之处，应毋庸议。其元江直隶州知州要缺仍令另拣合例人员升调。等因。伏查元江直隶州知州一缺，地方辽阔，汉夷杂处，为迤南冲要，接壤南掌国边境，烟瘴最盛，水土恶劣，兼有经管铜厂之责，必须精明强干、熟悉厂务夷情、能耐烟瘴人员，方足以资治理。臣等与藩臬两司复加确查，滇省直隶州内并无合例堪调之人，其同知、通判中现在又无各项著有劳绩应调应升之员，州县内虽有著有劳绩应升人员，但于此缺人地均不相宜，难期胜任。惟查该员马宏图年五十八岁，山东监生，报捐通判，复捐升知州，选授湖北归州知州，调补随州知州，在任丁亲父原任福建提督马济胜忧。道光十六年冬月奉上谕："福建提督马济胜前因台湾逆匪滋事，带兵渡台奏功迅速，叠沛恩施，方资倚任，兹闻溘逝，殊堪轸惜。其子四人，服阕后着送部引见，候朕施恩。钦此。"迨服阕引见，奉旨："马宏图着尽先补用。钦此。"旋丁母忧。因前在湖北随州任内失察监犯滋事，部议降调，奉旨："着俟赴部之日带领引见，再降谕旨。钦此。"服满引见，奉旨："马宏图着仍以知州用，其降调之案改为补官日，降一级留任。钦此。"二十七年拣发云南，奉旨："马宏图着发往云南以知州差遣委用。钦此。"到滇委署永善县知县，题补陆凉州知州。二十九年七月二十二日准补到任，卸署永善县，委署宝宁县，卸事，现署元江直隶州知州。臣罗绕典到任未及三月，例不出考。臣吴振棫查该员年富才明，老成稳练，在滇年久，熟悉厂务夷情，能耐烟瘴，且历俸已满三年，以之升补元江直隶州知州，人地实在相需。据藩臬两司会详前来，相应遵照部驳，明白声叙，专折奏恳天恩，俯准仍以陆凉州马宏图升补元江直隶州知州，于烟瘴要缺实有裨益。如蒙俞允，该员系现任知州请升直隶州知州，衔小缺大，俟部覆至日照例给咨送部引见，恭候钦定。其所遗陆凉州知州选缺，滇省现有拣发人员，俟部覆至日，另容遴员请补，合并声明。臣等谨合词恭折具奏，伏祈皇上圣鉴训示。谨奏。

朱批：吏部议奏。

奏报遵旨谕令南掌国贡使先行回国
并派员护送自省起程日期事

咸丰三年八月二十九日

云贵总督臣罗绕典、云南巡抚臣吴振棫跪奏：为遵旨谕令南掌国贡使先行回国，并派员护送，自省起程日期，恭折奏闻，伏祈圣鉴事。窃照南掌国长召整塔提腊宫满因十年例贡，届期又恭逢皇上御极，虔备驯象等物，遣使赍表叩关求进。据普洱镇迤南道禀报，当经前督臣吴文镕等檄饬该镇道，督令思茅厅营派委员弁土司迎护进关，一面译出表文，并以该国贡使入京。恐豫省驿路难行，拟请变通办理，先后奏报在案。兹于八月二十一日钦奉上谕："南掌国贡使远道输诚，若仍令照例来京，转非所以示体恤。着该督抚传旨该国使臣等，此次无庸来京，仍着优与犒赏，妥为护送，俾令先行回国。等因。钦此。"适该国贡使关里乃叭大先及头目人等同象只、贡物，由普洱镇道派委文武员弁先于八月初七日护送到省，臣罗绕典、臣吴振棫率同司道，将该国使臣等暂留，择期二十五日筵宴，优与犒赏，并敬宣谕旨，令该正副贡使等此次无庸进京，先行回国。均各感激皇仁，欢忻鼓舞，望阙叩头，祇谢天恩。当令暂为憩息，以恤远劳。随派原委之署通关哨经历李芳龄、普洱左营守备范成章、署右营把总曾占魁伴送该国使臣及头目、通事、后生、跟役人等，于八月二十八日自省起程。除谆谕该委员等沿途务须妥为照料，安静行走，小心送至思茅，交替出关，并饬司檄行经过地方官一体应付，接护前进，其贡物及象只俟道路肃清由滇派员赍送进京外，所有南掌国使臣等先行回国及派委员弁伴送自省起程缘由，臣等谨合词恭折具奏，伏祈皇上圣鉴。谨奏。

朱批：知道了。

奏为苗疆要缺副将现无合例堪以升补人员恳恩敕部开单请旨以重边防事

咸丰三年八月二十九日

云贵总督臣罗绕典跪奏：为苗疆要缺副将现无合例堪以升补人员，恳恩敕部开单请旨，以重边防，恭折奏祈圣鉴事。窃前督臣接准部咨，贵州大定协副将常存升任，遗缺系题补之缺，轮用豫保人员。该省现无豫保，亦无拣发，令于现任应升应补人员内拣选题补。等因。到臣。查黔省额设参将七员，内除抚标中军参将伊萨布、台拱营参将彭长春、朗洞营参将严承恩等三员均历俸未满，长寨营参将英志、丹江营参将闪云甫经题补，亦未接札，提标中军参将尚未题补有人，黎平营参将庆瑞现经拣选升补铜仁协副将员缺。但大定协地处边隅，民苗杂处，幅员辽阔，营务较繁，该将职司统辖一切，控驭巡防，均关紧要，而黔省参将实无合例应升之员，惟有仰恳圣恩，敕部开列名单，请旨简放，以裨营伍而重边防。臣谨会同贵州巡抚臣蒋霨远、署提督臣赵万春合词恭折具奏，伏祈皇上圣鉴训示。谨奏。

朱批：另有旨。

奏为厂员办运铜斤迟滞请旨革职摘顶勒限严追事

咸丰三年九月二十日

云贵总督臣罗绕典、云南巡抚臣吴振棫跪奏：为厂员办运铜斤迟滞，请旨革职摘顶，勒限严追，以肃铜政，恭折奏乞圣鉴事。窃照滇省办铜厂员每多具领工本银两，日久不能运清，几成锢习，自应随时访察，择其尤为疲玩者严行参办，以示惩警。兹查有前任云龙州知州准升中甸同知具报丁忧之董宗超管理大功、白羊二厂，自道光二十八年十一月二十二日到任起，至咸丰元年十二月二十日交卸止，共据册报办获课余铜二百四十八万七千七百斤零，底本铜六万四千九百斤零，二共铜二百五十五万二千六百斤零，系业经支销工本之项。据关、寻、泸各店折报，截至本年八月止，共收过该员运交铜一百六十五万四百余斤，尚未运铜九十万二千二百斤零。除该员尚有扣存司库未领垫办各厂水泄等项及准销加添铜价镕耗工本银一万五百两零，按照大功等厂例价核计约可买补铜一十六万九千五百斤外，仍计短交铜七十三万二千七百斤零。又该员承运京铜，尚有领存未缴自厂至关运脚银五千三百两零。该员闻讣交卸后，迄今日久，屡催未据办运缴楚，以致一切交代，后任无从接收结报，显有亏挪情事。若不严行参办，何以肃功令而儆将来？据藩臬两司会同迤西道具详请参前来。相应请旨将前任云龙州知州准升中甸同知业经丁忧之董宗超即行革职，留于滇省，勒限五个月饬令办运清楚，并将运脚银两一并解清。如再逾延，即查明侵挪各情，另行奏请查抄监追。

再，云龙州铜厂交代，前经查明未经结报者共有四案，除董宗超一案外，其梁金诏、潘如栋两任内应运之铜均已严催运交清楚，并无亏短。惟前署云龙州事黑盐井提举沈承恩任内尚有未经运清之铜共十五万三千余斤，虽为数较少，然究属办运疲缓，应请旨将沈承恩摘去顶戴，责令趱运。俟全数运清之后，再行奏请开复。是否有当，谨恭折具奏，伏乞皇上圣鉴训示。谨奏。

朱批：董宗超着革职，沈承恩着摘去顶戴。该部知道。

奏为获盗人员遵照章程奏请送部引见仰祈圣鉴事

咸丰三年九月二十日

云贵总督臣罗绕典、云南巡抚臣吴振棫跪奏：为获盗人员遵照章程奏请送部引见，仰祈圣鉴事。窃照文山县知县冯峻前署通海县任内首先拿获邻境宁州盗犯胡老五等、听纠行劫拒伤事主丁森等平复案内罪应斩决首盗谢小三一名，斩决伙盗李小三、李连甲二名，拟以遣军伙盗李小有等六名，接准部咨，行令查照章程奏请送部引见。兹据藩臬两司，以冯峻才具明练，缉捕勤能，所获盗犯谢小三等并非分应缉拿，任内亦无承缉逃盗未获之案，核与送部引见之例相符，详请具奏前来。臣等覆查无异。除给咨外，理合恭折具奏，伏乞皇上圣鉴。谨奏。

朱批：冯峻着送部引见。该督抚接准部咨，率行奏闻，并未请旨，实属显违定制，罗绕典、吴振棫均着议处具奏。吏部知道。

奏为东川军务完竣查明被扰各属情形
本年应征钱粮分别蠲免事

咸丰三年九月二十日

　　云贵总督臣罗绕典、云南巡抚臣吴振棫跪奏：为东川军务完竣，查明被扰各属情形，仰恳圣恩，俯准将本年应征钱粮分别蠲免，并临安府属之建水县被水成灾一并酌免钱粮，以纾民困事。窃照云南东川府回匪聚众滋扰巧家、会泽、寻甸三厅州县地方，当即调集兵练，设法剿捕，业经办理蒇事。所有被难良民，前已委员查明，酌给口粮，被烧房屋，给予苫费。小民既得口食，又有栖止次第，可复旧业，无不同声欢忭，感戴圣慈。地方现俱安静。惟该处因本年雨水过多，地亩本多淹灌，又当该匪等窜扰焚抢之时，汉回良民猝遭蹂躏，四散逃亡，情形殊堪悯恻，即相去稍远之处，亦皆团集丁壮，昼夜防堵。而数月内兵差来往，间资民力，田亩久荒，秋收均属无望。所有本年钱粮，若照常征收，民力实有未逮。查道光元年永姚军需案内，用兵地方额征钱粮经前督抚臣等分别奏请蠲免在案，此次东川回匪滋扰，与永姚军需事同一律。兹据藩司史致蕃、粮储道崔光笏、迤东道潘楷会详请奏前来。臣等细加查察，委属实情，并无虚捏情弊。合无仰恳皇上天恩，俯准将被贼滋扰之巧家厅所属向化里应征本年税秋本折米石，条编、折色、耗羡银两，夷甲减免十分之四，汉回二甲减免十分之八，其寻甸州所属乞曲、亦郎、那厘、宣化、果马、甸头、倘甸、隆丰等八里减免十分之四，并将情形最重之乞曲里内兴隆、甸岗、引凤、多红、妥妥、石窝铺、洗卡里等七村全行蠲免，又会泽县所属以濯河里减免十分之五，敦仁、尚德、凝靖、忠顺、集义五乡里减免十分之三。如此酌予减免，则小民均沾实惠，感戴皇仁，实无涯涘。

再，据建水县禀报，本年八月十三四等日，大雨滂沱，山水
陡涨，致将河堤冲决，沿河四十余里田亩被淹，房屋多有倒塌，
人口幸无损伤。当即饬司委员会同该府县查办去后，旋据该司道
转据委员等禀称，会同逐一查勘，分别抚恤，人民不致失所，惟
被淹屯田三百七十余顷，正值成熟之时，有被沙土覆压无存者，
有霉坏生芽者，有已经收获晒晾被水冲失者，统计被灾田亩收成
不及三分，本年钱粮实难照额上纳，禀请酌量减免。等情。查建
水被灾地方不过通县中十分之二，惟收成既已歉薄，应纳钱粮自
未便一律征收。今拟将该县被灾之西屯、左所、右所、前所、中
所、官田、曲屯七乡本年应完税秋本折米石，条公、耗羡银两减
免七分，实征三分，理合并案吁恳圣恩，俯准量予蠲免，以示体
恤。除饬令该司道查明被灾田亩分数及减免钱粮各细数另行咨部
查核外，臣等谨合词具奏，伏乞皇上圣鉴训示遵行。谨奏。

朱批：另有旨。

奏为滇省普洱镇总兵边缺任满更替乏员
照例遴选副将二员拟定正陪事

咸丰三年九月二十五日

云贵总督臣罗绕典跪奏：为滇省普洱镇总兵边缺任满，更替
乏员，照例遴选副将二员，拟定正陪，恭折具奏，仰祈圣鉴事。
窃照云南普洱镇总兵杨青鹤边疆三年任满撤回，例应拣员接换。
经前督臣吴文镕照例拣选，得云南维西协副将福陞拟正，贵州大
定协副将常存拟陪，嗣因拟陪之贵州大定协副将常存钦奉谕旨，
简放云南腾越镇总兵，又拟正之维西协副将福陞亦蒙简放云南昭
通镇总兵，例应另行拣选具奏。缘调任督臣吴文镕未及办理，臣

于本年七月内抵任，窃念营员贤否，虽未深悉，而边缺需员紧要，未便久悬，自应照例于滇黔两省副将内另行拣选择其能耐烟瘴、熟悉边情者，以备皇上简用。查滇省各副将现无合例可选之员，复于黔省副将内逐一遴选。查有贵州上江协副将哈达古吉拉，年四十七岁，正蓝旗蒙古人，由荫生承袭一等子爵，于道光二十四年正月内拣发来黔，以副将差遣委用题补今职。该员在黔年久，精明稳练，勤慎操防，官声甚好，堪以拟正。其拟陪之员，查有贵州松桃协副将文英，年四十三岁，正蓝旗蒙古人，由荫生于道光十九年拣发来黔，以参将差遣委用，历升松桃协副将，丁忧回旗守制，服满奉旨，仍补放斯缺。该员年力富强，谙练营务，堪以拟陪。臣虽到任未久，而函商贵州抚臣蒋霨远，亦以为堪膺是选。惟是该二员等本应即行给咨赴部引见，恭候钦点一员简放普洱镇总兵，因上江协副将哈达古吉拉现经奏委署理古州镇总兵篆务，黔省乏员委署，应俟新任总兵桂林到任后，再行给咨送部。又拟陪之松桃协副将文英甫于上年五月内服阕时在京引见，应否给咨赴部之处，伏候命下祗遵。所有拟定正陪缘由，相应专折保奏。臣谨会同云南抚臣吴振棫、贵州抚臣蒋霨远、云南提臣荣玉材、署贵州提臣赵万春合词具奏，伏祈皇上圣鉴，敕部查照施行。谨奏。

朱批：另有旨。

奏为委署镇将篆务事

咸丰三年九月二十五日

云贵总督臣罗绕典跪奏：为委署镇将篆务，恭折奏闻仰祈圣鉴事。窃照前调任督臣吴文镕承准军机大臣字寄，钦奉上谕：

"着派贵州精兵二千名驰赴湖南，听候调遣。钦此。"钦遵在案。当经贵州抚臣蒋霨远奏派署古州镇总兵布克慎统领贵州官兵前赴湖南，所遗贵州古州镇总兵印务，自应委员接署，以专责成。伏查古州一镇地处边隅，幅员辽阔，与粤楚接壤，在在均关紧要。查有上江协副将哈达古吉拉精明稳练，勤慎操防，官声甚好，堪以署理。其哈达古吉拉所遗副将事务，查有现署提标右营游击事之拣发候补参将佛恩，年富才明，熟悉营务，堪以署理。除檄饬遵照外，所有委署镇将篆务缘由，理合恭折具奏，伏祈皇上圣鉴。谨奏。

朱批：知道了。

奏为黔省武职委用需员请旨敕部 拣发以资差遣事

咸丰三年九月二十五日

云贵总督臣罗绕典跪奏：为黔省武职委用需员，请旨敕部拣发，以资差遣，恭折奏祈圣鉴事。窃照武职人员如遇差委不敷，例应随时奏请拣发。兹查黔省自咸丰元年经前督臣奏请拣发参将二员、游击三员，并未请有拣发候补副将、都司二项人员，遇有缺出及紧要差使，殊觉不敷委用。相应奏恳圣恩，俯准敕部于曾任绿营候补候选人员内拣选副将二员、都司二员，俟引见后，分发来黔，以资委用，于营伍实有裨益。理合恭折具奏，伏祈皇上圣鉴。谨奏。

朱批：着照所请。兵部知道。

奏为苗疆要缺副将现无合例堪以升补人员恳恩敕部开单请简以重边防事

咸丰三年十月二十一日

　　云贵总督臣罗绕典跪奏：为苗疆要缺副将现无合例堪以升补人员，恳恩敕部开单请简，以重边防，恭折奏祈圣鉴事。窃臣接准兵部咨，咸丰三年六月初二日内阁奉上谕："广西左江镇总兵员缺，着色克精阿补授。钦此。"除将该员补放总兵之处注册外，其所遗贵州永安协副将员缺，系题补之缺，轮用豫保人员。该省现无豫保，亦无拣发人员，应令该督于现任应升应补人员内拣选题补。等因。臣查黔省并无豫保及拣发候补人员，而于现任参将内逐加遴选。该省额设参将七员内，黎平营参将庆瑞甫经题升铜仁协副将，遗缺未补有人，抚标参将伊萨布、台拱营参将彭长春俱历俸未满年限，朗洞营参将严承恩现在军营，尚未到任，其余提标、长寨、丹江等营参将或员缺未补有人，或题补未奉部覆，并题补尚未引见，均与升补副将之例不符。查永安地方幅员辽阔，适当滇省要冲，汉夷杂处，差务殷繁，该副将职司统辖控驭巡防，最关紧要。黔省既无合例堪以升补之员，惟有仰恳天恩，敕部开列名单，恭候简放，以裨营伍而重边防。臣谨会同贵州巡抚臣蒋霨远、署提督臣赵万春合词恭折具奏，伏祈皇上圣鉴训示。谨奏。

　　朱批：另有旨。

奏为铜本支绌异常甲寅京局正加六运铜斤难以按额照数办解谨据实奏祈圣鉴事

咸丰三年十月二十一日

云贵总督臣罗绕典、云南巡抚臣吴振棫跪奏：为铜本支绌异常，甲寅京局正加六运铜斤，难以按额照数办解，谨据实沥陈，仰祈圣鉴事。窃咸丰二年九月、三年七月先后准户部咨，以滇省产铜短绌，奏准将癸丑年京铜停办两运，自甲寅年为始，停办三运。当经札行藩司及厂运各员遵照在案。兹于九月十六日复准户部咨，滇省应办京铜，自甲寅年起，仍按旧额照数办解。等因。臣等伏思京局鼓铸攸关，需铜紧要，自应遵奉筹办。惟查滇省办运京铜，如丙年之铜，例于甲年由部指拨铜本，乙年春间到滇兑收，厂员得以及早领银赶办。从前厂情丰旺，工本既轻，窝路未深，攻采犹易为力，矿质较厚，煎炼尚不费时。然上年冬季请领工本，尚须于次年夏秋始能办获铜斤，迨至发交各店水陆转运，自三四十站至五六十站不等，计铜斤全数抵泸，已在年余以外，但能赶副兑交之限，已为至幸。近年攻采日久，礁硐则愈入愈深，柴薪则愈取愈远，工费较前加倍，而数日之所获不敌从前一日之取赢。兼之铜质未能凝厚，赆分每易低潮，煎炼之工较前为多，所得之铜视前转少。厂中一切疲乏情形，叠经前任督抚臣备细奏明，并不始于近日，然彼时铜本皆能依期解滇，可以设法赶办，尚非如现在之竭蹶情形可比也。臣吴振棫前因奉拨铜本不能到滇，各厂势将停办，与前督臣吴文镕会商奏请以采出之铜铸钱，即以铸出之钱发本，借以养丁保厂，已属不得已权宜之法。嗣奉部文，令于省东二局加卯添铸，并于提镇驻札之处设局铸钱，以充兵饷，业已转饬赶紧办理，方虑所获铜斤不敷分拨各局供铸之用。今复令自甲寅年起仍办解京局旧额六运之铜，地产人工实皆周转不及，即使奉拨铜本悉数到滇，势亦难于兼顾。况早应解到之铜本尚有数十万两至今未到，既不能速发工本，又焉能多获铜斤？其理本显然易见。查癸丑年铜本，经部奏拨江西、浙江银五十三万七千三百九十余两，内除收到江西省银五万两，又收改拨云南留存经费捐监及四川防堵余存等项银十五万六千三百两外，尚有未收浙江银二十万五千两、四川银八千七百两，其未收江西应解银一十一万七千三百九十余两，虽准部咨，以云南扣停养廉抵补，而目前此项并无现银，计未收癸丑年铜本尚有三十三万一千九十余两，是本年办运已属无米之炊。至甲寅年铜本，原早应全数到滇，今浙江、江西皆有防剿急需，兼之路多梗阻，其何时始能筹解，实属遥遥无期。至滇省盐课等项，从前遇有铜款支绌，尚可暂时挪垫，今则屡奉部咨，将应存各款或协济部库，或拨给邻省，又值本年东川军务借动供支，而咸丰三年及四年春季兵饷又有三十一万九千五百两未经解到，现届各营请领之时，更不能不设法垫放。臣等与藩司史致蕃时时晤商，深知京局鼓铸紧要，必须多发工本，以资办运，而通盘筹画，本款既无可支，别款又无可借，百计皆穷，万分焦灼。倘此后各省铜本果能源源而来，将来自可仍复六运旧额，至甲寅年应办京铜，现在时日既过于促迫，工本又一无可筹，若欲将奏停三运之铜骤照原额办解，其势实有万难，即向厂员札檄严催，亦属空言无补。此系实在掣肘情形，不敢不据实缕陈，仰求圣明鉴察者也。

再，工本支发维艰，恐厂丁散而为匪，尤为边省大患。现在招徕调剂，凡有可以设法之处，无不竭力筹办，以顾全局。但铜本系厂务大宗，若再日久不能解到，势必至束手无策。惟有吁恳天恩，饬部将指拨癸丑、甲寅二年铜本共银一百一十九万七千五百七十八两零，或就近改拨，或严催原拨省分迅即解交，庶免贻误。所有铜本短绌及甲寅京运难以仍照旧额办解缘由，理合恭折具奏，伏乞皇上圣鉴训示。谨奏。

朱批：户部议奏。

奏为原参疏防盗案之该管文武员弁现在赃盗已获吁恳恩赏准开复事

咸丰三年十月二十一日

云贵总督臣罗绕典、云南巡抚臣吴振棫跪奏：为原参疏防盗案之该管文武员弁现在赃盗已获，吁恳天恩，赏准开复顶戴，以昭激劝，恭折奏祈圣鉴事。窃查署元谋县知县毛纪云、专汛把总唐万春前因疏防客民邵得明等在途被劫银物赃盗未能速获，经臣吴振棫会同前督臣吴文镕奏奉谕旨，将该员弁摘去顶戴，撤任勒限留缉在案，旋于限内据该员弁等悬赏购线，拿获此案首伙盗犯十五名。兹据审拟，由臬司覆审招解，并请开复顶戴前来。除照例审题外，查该署县毛纪云、把总唐万春于疏防被参之后协获盗犯过半，兼获首盗，尚知愧奋。可否将原参摘顶留缉之案赏准开复，予以自新之处，出自皇上天恩。未获逸犯仍饬接任员弁认真侦缉务获另结。是否有当，谨恭折具奏，伏乞皇上圣鉴训示。谨奏。

朱批：毛纪云等均着给还顶戴。

奏为遵奉部咨将乙卯年应需铜本银两另行照额请拨恭折覆奏事

咸丰三年十月二十一日

云贵总督臣罗绕典、云南巡抚臣吴振棫跪奏：为遵奉部咨将乙卯年应需铜本银两另行照额请拨，恭折覆奏，仰祈圣鉴事。窃咸丰三年五月内准户部咨，自咸丰四年起于奏明停止加运两起之外，又奏停正运一起。当即循例将乙卯年应需铜本银五十万两照数奏拨。尚未奉部议覆，兹又准户部咨，滇省应办年额正加六起京铜六百五十五万余斤，自咸丰甲寅年为始，仍按额照数办解，并将乙卯年应需铜本即行如数奏拨报部。等因。自应遵奉另奏请拨。据藩司史致蕃查明，司库收支铜息项下共存银五千七百余两，只敷支放年例应动各款，应请留存供支。又藩库收存正杂各款银两，截至咸丰三年八月到部估饷册造实存项下共存银一百六万六千三百五十两八钱五分一厘，内应请留存本省经费等项，约需银二十万余两。又采买川铜借用银二十九万九千余两，历任借动未归银五十五万三千五百余两。又奏平借动银一万二千八百余两。均请仍照数留存。其余银一千余两，业经声请拨饷。此外无可动拨。将乙卯年应需铜本银一百万两详请奏明拨解前来。臣等查乙卯年应需铜本银一百万两，除该年应解户、工二部饭食银六万四千四百五十五两二钱，又应解通州坐粮厅车脚吊载银四千九百七十两一钱八分，又该年应解加办铜斤户部饭食银二千三百一两八钱四分四厘，又加运两起带解加办铜斤应解通州车脚银一百七十九两九钱八分四厘，又该年正加六起增给天津剥费银二千八百两，共银七万四千七百零七两二钱八厘。前奉准户部咨，议奏云南癸丑年铜斤减办加运两起，所有拨存坐粮厅库加运两起并户工局铜批饭食银两，令于奏拨乙卯年铜本案内照数扣除。等因。查癸丑年加运两起应解部饭车脚、天津剥费等银二万四千二十一两八钱七厘，前经计入癸丑年铜本银内扣除，拨存坐粮厅及天津道库收存，原奉文减办癸丑年加运两起，业奉咨明直隶省查照。其癸丑年铜本案内扣过前项部饭银两，今应遵奉在于乙卯年铜本银内计除，实应计入银五万六百八十五两四钱一厘，请于直隶省藩库内照数动拨，就近分别解交坐粮厅、天津道库收存应用。又滇省正额节省并帮费项下酌给运官帮费计正运四起每起拨解银一千五百两，加运两起每起拨解银一千二百两，共银八千四百两，亦请在于直隶藩库照数拨解坐粮厅库收存。俟甲寅年正加六起运员到彼，

146

照数发给承领应用。滇省仍于正额节省并帮费银内照数拨出银八千四百两归入铜本项下支用。又运官自汉口至仪征应需水脚银一万四百三十四两，又自仪征至通州水脚银一万六千二百六两，应令湖北、江南二省在于藩库芦课银内照数拨给应用。又酌给甲寅年正加六起新增经费，应拨入乙卯年铜本项下银一万三千两，内奉准部咨，滇省盐课溢余项下每年加贴正加六起运员经费银五千四百两，每百两扣减平银六两，年共减平银三百二十四两。由滇汇拨之项应于前款银内计除，实应计入乙卯年铜本项下银一万二千六百七十六两。又滇省清查案内，扣获各厂店咸丰元年分摊赔无着铜价银一万一千八百五十四两一钱八分六厘，此项银两原应发厂办铜，因恐厂员办理不善，辗转延欠，致成无着。咨部覆准，留滇作为铜本，抵正支用。前奉准工部咨，宝源局提出滇省自道光乙巳年运员吴守仁起，至戊申年运员宋淇止，运京铜内铁砂低潮，铜斤在京改煎，共垫用过火工、铅价等银三万九千九百六十九两一钱三分九厘。又奉准户部咨，改煎道光己酉年运员吴鸿昌、又庚戌年运员郑训迷二员铁砂铜斤，用过火工及搭盖炉房该班饭食等银五千六百一十三两八钱四分。又奉准工部咨，宝源局改煎自道光戊申年加运一起姚光璐起至己酉年加运二起赵昆止，计七运铁砂铜斤共垫用过火工等项银一万七千八百七两三钱四分一厘五毫，咨滇在于乙卯年奏拨铜本银内声请扣除，由直隶省就近解部清款。等因。今应遵奉扣除以上通共除银一十七万三千六百四十五两九钱七厘五毫，实应拨解滇省银八十二万六千三百五十四两九分二厘五毫，内除前经奏请协拨实银三十七万九千一百七两二钱四分九厘六毫外，尚应拨解滇省银四十四万七千二百四十六两八钱四分二厘零。一并照例奏明，请旨敕部照数动拨，以资采办。其各项动用细数，统于铜务并运铜案内按年核实造册报销。所有遵奉照额请拨铜本银两缘由，谨合词恭折具奏，伏乞皇上圣鉴。谨奏。

朱批：户部知道。

奏为甲寅年应领帮费拨归下届铜本案内办理片

咸丰三年十月二十一日

148

再，请拨乙卯年铜本案内，声请拨给甲寅年正加六起运员应领帮费等银，系照历届成案及现奉部咨声叙。惟该年应办京铜，现因铜本支绌，难以按照旧额办运，臣等已另折具奏。应俟奉部覆准，再行核明用存几运帮费银两若干，即行拨归下届铜本案内办理。合并陈明。谨奏。

朱批：览。

奏报委员接署临安知府员缺片

咸丰三年十月二十一日

再，临安府知府刘重昭因病呈请开缺，回籍调理。除另行恭疏具题外，所遗临安府知府员缺，应即委员接署。查该府地方辽阔，狱讼最繁，非明干老练之员难以胜任。查有准升巧家同知张燮宽，才具明敏，遇事认真，堪以委署。兹据藩臬两司会详前来。除札饬遵照外，谨附片具奏。至临安府系请旨简放之缺，恭候谕旨简放，以重职守。谨奏。

朱批：知道了。

奏为缅甸国贡使入京拟请遵照
本年南掌国入贡之案变通办理事

咸丰三年十一月初四日

云贵总督臣罗绕典、云南巡抚臣吴振棫跪奏：为缅甸国贡使入京，拟请遵照本年南掌国入贡之案，变通办理，恭折奏祈圣鉴事。窃臣等接据护理腾越镇总兵倭什浑泰、署腾越同知姚延之禀称，缅甸国遣使循例进贡，当经派委员弁、通事驰往确查。该贡使等带同象只、物件，约于九月内抵关。等情。臣等查历届缅甸贡使及所进象只，系分两起行走，应由贵州、湖南、湖北、河南经过，计正副贡使所带头目、通事、后生、跟役加以护送，文武各员及抬运贡物各件所需车马人夫为数不少，馆舍饮食供顿甚繁，而两湖、河南各省甫经兵燹，殊难供支。查臣等咸丰三年七月十五日具奏南掌国贡使入京恐豫省驿路难行拟请变通办理一折，于咸丰三年八月初七日奉上谕："着传旨该国使臣等，此次无庸来京。仍着优与犒赏，妥为护送，俾令先行回国。其贡物象只，即着赏收，由该督抚派员送京。等因。钦此。"臣等当经钦遵，移行遵照办理。今缅甸国使人等事同一律，臣等拟即援照办理。除俟该使目人等到腾抵省后，臣罗绕典、臣吴振棫即行择期筵宴，优与犒赏。并传谕该国正副贡使等，此次无庸进京，妥为护送，俾令先行回国。其表文贡物象只，俟道路肃清，由滇派员赍送。至向来到京后应行颁赏该国王及正副使臣等银物，仍由该管衙门照办齐全，先行发交滇省，再由臣等派员赍送出关，转交该国王祇领分颁。如此权宜办理，则既遂其输诚之愿，又曲加以体恤之恩，该国王亦必倍深感戴。如蒙俯允，即求出自宸衷，迅速颁发谕旨，以便祇遵办理。除缅甸国使臣等叩关日期俟该镇厅将译汉表文禀报到日臣等另行驰奏外，臣等谨合词恭折具奏，伏乞皇上圣鉴训示施行。谨奏。

朱批：另有旨。

奏为缅甸国遣使叩关入贡事

咸丰三年十一月十八日

云贵总督臣罗绕典、云南巡抚臣吴振棫跪奏：为缅甸国遣使叩关，呈进表文贡物，循例由驿具奏，仰祈圣鉴事。窃照臣等前以缅甸国遣使入贡，不日抵关，拟请遵照本年南掌国入贡之案变通办理，于十一月初四日缮折驰奏，恭候谕旨，钦遵在案。兹接据护理腾越镇总兵倭什浑泰、署腾越同知姚延之会禀，据陇川荫袭多蔚桢转据铁壁关抚夷赛加爵禀报，九月十五日有缅甸国先遣缅目细于觉丁到关投称，该国王孟顿遣使闷腊桑邓等赍表进贡，当经派委员弁、通事驰往确查。该贡使等带同象只、物件，已于九月二十七日抵关，呈投缅文随即译出汉字，内称该国自蒙天朝俯准内附以来，久邀大皇帝仁恩远被，世守荒服，永保藩疆。兹届十年例贡之期，幸蒙福佑，兵戈平息，地方乂安，谨备金叶表文一道、长寿圣佛三尊、驯象五只及土产方物，特遣使目闷腊桑邓等恭赍呈进，恳为转请代奏。等情。经该镇厅查照往例，一面将该贡使等迎护入关，约计十月初间可抵腾越。先行译出表文驰禀前来。臣等伏查缅甸久服天朝，恪修藩职，按期纳款，恭顺多年。今届十年例贡之期，该国王孟顿敬备贡物表文，遣使呈进，察其情词恳切，实属出于至诚，自应仰恳天恩，俯准入贡，俾遂远藩忱悃。臣等当即飞饬该镇厅遴委妥员护送使目人等来省，抵省后即由臣等将贡物等项会同查明，仰体圣主柔远之仁，于该使目等款待优犒，仍予暂为休息。除俟奉到谕旨钦遵办理外，所有缅甸国遣使叩关入贡缘由，理合循例由驿具奏，并将译出该国王孟顿缅字表文恭呈御览，伏乞皇上圣鉴，恩允施行。谨奏。

朱批：知道了，已有旨。

奏为革职参将节次打仗出力杀贼立功深知愧奋 吁恳天恩赏准开复原官留滇补用事

咸丰三年十一月二十八日

云贵总督臣罗绕典跪奏：为革职参将节次打仗出力，杀贼立功，深知愧奋，吁恳天恩赏准开复原官，留滇补用，恭折奏祈圣鉴。窃臣到滇后剿办东川回匪事毕，接据护云南昭通镇总兵王国才禀称，有已革贵州丹江营参将佟攀梅，在东川军营带兵剿匪，身先士卒，叠次奋勇立功，未敢没其劳绩，理合将该革员参案录呈，可否奏请开复，留滇补用。等情。臣查该革员佟攀梅，现年四十二岁，正蓝旗汉军人，由戊戌科武进士殿试一甲第二名补放二等侍卫，历升贵州丹江营参将，委署大定协副将。于咸丰元年奉派带兵赴粤，四月内行抵象州罗秀地方，打仗得胜，冒险追奔，致被火弹烧伤左手，犹复亲刃二贼。经前任广西抚臣周天爵奏蒙赏戴花翎。嗣五月初十日追贼至象州独鳌山，随都统乌兰泰分路迎敌。该革员亲点大炮，被炮坐伤左腿，伤重，力敌失利。奏奉上谕，革职拿问，交赛尚阿讯拟具奏。后讯明情节，仍委统带滇兵，具折保奏。奉上谕："佟攀梅屡次打仗，著有战功，尚知愧奋，赏给六品顶戴。钦此。"二年八月在湖南攸县地方打仗立功，被地雷烧伤头面。咸丰三年正月署两湖督臣张亮基奏撤回滇养伤旋愈。前督臣吴文镕派令带领临元等标官兵前往东川剿办回匪，并附片奏明委署云南抚标右营游击，奉朱批："知道了，钦此。"臣等覆查该革员年壮力坚，临阵勇往，统率有方，实属将弁中不可多得之员。且出师粤、楚、东川，战功屡著，若以一朝之失，终归废弃人才，实属可惜。现值滇省候补乏员，合无仰恳皇上天恩，赏准将该革员佟攀梅参将开复，仍留滇省补用，实于营伍有裨。如蒙俞允，该员应否送部引见，应听部臣办理。臣谨会同云南巡抚臣吴振棫、提督臣荣玉材合词恭折具奏，伏祈皇上圣鉴训示。谨奏。

朱批：佟攀梅着开复参将，留云南省补用。

奏请将白人鹏以参将留于黔省尽先补用片

咸丰三年十一月二十八日

臣罗绕典、臣吴振棫跪奏：再，前督臣吴文镕在寻甸军营参劾贵州威宁镇总兵常存、署云南昭通镇贵州古州镇总兵爱兴阿迁延迟误一折，奉到上谕："常存、爱兴阿在鲁冲地方会剿匪首马二花，进兵围攻，小有斩获，乃因贼伏山坳，未能设法进攻，致令乘夜潜逃，实属迁延贻误。爱兴阿着即革职，仍留营效力。常存到营未久，前次攻剿八甲，尚能出力，着暂行革职留任，以观后效。钦此。"臣等覆查该总兵常存被参后，于八月初一日在东川柳树村督率兵勇杀伤悍回三十余人，又追贼翠云寺杀贼夺械，札营大木头，直逼三官庙贼巢，各著战功，尚知愧奋。可否开复暂行革职处分，出自皇上天恩。如蒙俞允，该总兵自升任腾越镇后，尚未进京陛见，应候谕旨，再行遵照办理。其爱兴阿一员革职后，卧病寻甸，未能随营出力。该员年已六十岁，应否饬令回旗当差，伏候圣裁。

又，补用参将直隶杜胜营都司白人鹏，系云南人，于道光三十年十月内经前督臣程矞采派令管带临元、开化二镇官兵随往粤西听候调遣。咸丰元年四月内在广西土地塘、大黄江等处剿捕贼匪获胜，经署广西抚臣周天爵、提督臣向荣奏奉上谕："直隶杜胜营都司白人鹏，着以游击尽先升用。钦此。"咸丰二年七月奉上谕："前据赛尚阿奏，尽先升用游击直隶杜胜营都司白人鹏，着免补本班，以参将补用，并赏戴花翎。钦此。"咸丰三年二月署两湖督臣张亮基饬带滇兵归伍，适东川府属回匪滋事，前督臣吴文镕派赴军营协剿事竣后，经臣暂委署理东川营参将。臣等覆查该员此次出师督战向先，屡获胜仗，尤为出力，又系从前奉旨以参将补用之员，可否仰邀圣恩，准以参将留于黔省尽先补用。谨合词附奏，伏祈圣鉴训示。谨奏。

朱批：另有旨。

奏请准以崔绍中补蒙化直隶厅同知事

咸丰三年十一月二十八日

云贵总督臣罗绕典、云南巡抚臣吴振棫跪奏：为要缺同知需员，仰恳圣恩，俯准调补，以裨地方事。窃查云南蒙化直隶厅同知李荣灿业经奉文，准其升补开化府知府，所遗蒙化直隶厅同知，系繁、疲、难兼三要缺，例应本省拣员调补。查该厅汉夷杂处，事务殷繁，非精明干练之员不足以资治理。臣等与藩臬两司于应调同知内逐加遴选，非现居要缺，即人地未宜，其应升同知之知州、通判、知县内，虽有著有劳绩应升人员，均与此缺不甚相宜。惟查有遇缺尽先补用直隶州知州借补宾川州知州崔绍中，年五十二岁，安徽贡生，遵例报捐知县，签掣云南，亲老告近，改掣山东。道光十三年六月到省题，补邹县知县。丁忧服满起复请咨，赴原掣云南补用。二十一年三月到滇，题署师宗县，委署陆凉、建水、蒙自等州县。因在建水、蒙自各任内首先拿获邻境凌迟犯妇一口，及罪应斩枭、斩决首伙盗犯二名，送部引见。又因河南捐输经费，钦奉谕旨，以直隶州知州双月选用，先换顶戴。奉部奏请，改归云南，以直隶州知州升用。引见奉旨，崔绍中着以直隶州知州遇缺尽先补用。嗣因运铜依限早到，奉旨，着回任照例于直隶州任内注册，归卓异班先尽升用。二十七年五月回滇，委署普洱府知府。因捐输军需经费，奏奉谕旨："师宗县知县崔绍中，着开缺，以直隶州知州仍留云南尽先补用。钦此。"委署广西、镇雄等州，借补宾川州知州。咸丰元年八月奉文准补到任，委署顺宁府知府。查该员才识明练，振作有为，在滇年久，熟悉边地夷情，请以改调蒙化直隶厅同知，实属人地相宜。从前滇省永北直隶厅同知缺，曾以直隶州衔白盐井提举卢桂森请调，奉部覆准，是与例亦属相符。

再，崔绍中系遇缺尽先补用直隶州知州，借补府属知州，今请改调直隶厅同知，系属对品调补，毋庸送部引见，升转时即照现缺升转。其运铜卓异应升之案，照例带于新任。至该员历俸未满三年，已遵例捐免在案，据藩臬两司会详请奏前来。相应专折奏恳天恩，俯念要缺需员，准以崔绍中调补蒙化直隶厅同知，于地方实有裨益。如蒙俞允，该员系尽先补用直隶州，借补宾川州知州，今请调同知，衔缺相当，毋庸送部引见。其所遗宾川州知州，系月选之缺，滇省现有应补人员，遵照新例，俟部覆至日，另容遴员请补，合并声明。臣等谨合词恭折具奏，伏祈皇上圣鉴训示。谨奏。

朱批：吏部议奏。

奏为特参疏防抢劫重案未能速获赃贼之
该管文武员弁请旨摘去顶戴撤任
勒限留于该地方协缉以肃捕务事

咸丰三年十一月二十八日

云贵总督臣罗绕典、云南巡抚臣吴振棫跪奏：为特参疏防抢劫重案未能速获赃贼之该管文武员弁请旨摘去顶戴，撤任勒限留于该地方协缉，以肃捕务，恭折奏祈圣鉴事。窃照弭盗安良，首严缉捕。臣等时时严饬各属，力行保甲，务期有犯速获。乃前据署元江直隶州知州李恒谦详报，民人刘藜书、吕汝鸿等于咸丰三年八月二十八、九月二十一等日先后在州属地方被贼抢劫银物，并将脚夫拒伤。等情。即经批司饬缉，迄今日久，赃贼未据报获。查该州地方一月之内抢案叠出，缉捕实属懈弛，该署州李恒谦前已撤任，接任之马宏图不日可到，未便令李恒谦置身事外。相应请旨将署元江直隶州事中甸同知李恒谦、元新营专汛分防因远汛外委王占甲、署元新营左军千总事元新营把总普致和均摘去顶戴，并将王占甲、普致和撤任，与李恒谦均留于该地方协同接任之员，勒限一个月严缉赃贼，务获究报。倘限满不获，另行从严参办。据该管道揭报，由藩臬两司会详请参前来。臣等谨合词恭折具奏，伏乞皇上圣鉴训示。谨奏。

朱批：李恒谦等均着摘去顶戴，勒限严缉。王占甲、普致和并着撤任。

奏为省局捐输集有成数恭折奏恳天恩奖叙事

咸丰三年十一月二十八日

云贵总督臣罗绕典、云南巡抚臣吴振棫跪奏：为省局捐输集有成数，恭折奏恳天恩奖叙，仰祈圣鉴事。窃照本年滇省东川回匪滋事，调派兵练剿捕所用口粮、盐菜及抚恤善后各项经费，前经奏明由本省劝捐弥补在案。臣等当即督同司道，遍行剀切晓谕，并设局劝捐。除省外各属捐项俟解交司库后再行陆续具奏外，兹查省局各捐生共呈交银五万五千六百六十九两，均已由司库兑收。该捐生等谊笃梓桑，情殷报效，洵属奋勉急公，自应请照筹饷事例及现行常例所载银数，分别拟请议叙，以昭激劝。

再，云南试用直隶州州判李瑞枝前在寻甸军营办理文案，不辞劳瘁，兹捐银四千两。又昆明县监生倪长龄雇练助剿，并首先倡捐银一千两，嗣复在局劝捐出力。又湖北孝感县附生熊吕彝雇练随营剿匪，并捐银七百两。以上三员，均各著有劳绩，可否仰恳天恩，俯准将李瑞枝仍留云南，以知县补用，倪长龄以布库大使归部选用，熊吕彝以训导尽先选用之处，出自格外鸿慈。据该司道等详请具奏前来。臣等覆查无异。谨合词缮折具奏，并开列各捐生姓名、银数简明清单，恭呈御览，伏乞皇上圣鉴敕部核覆施行。再，此项捐输银两，应请即照前奏拨还东川军需借动盐课正款，合并陈明。谨奏。

朱批：户部核议具奏。单并发。

循例奏闻遵旨查禁私铸事

咸丰三年十一月二十八日

云贵总督臣罗绕典、云南巡抚臣吴振棫跪奏：为遵旨查禁私铸，仰祈圣鉴事。窃照道光十年钦奉上谕："御史徐培深奏请饬禁私钱一折，着各直省督抚一体饬属查禁，毋得稍有懈弛。责成各州县随时访拿究办，并于年终出具境内并无私铸及行使小钱印结，详报督抚。督抚于年终具奏一次。毋得视为具文，以肃钱法。钦此。"臣等伏查私铸小钱最为圜法之害。滇省山深箐密，素产铜铅，稽察稍疏，即有匪徒潜匿私铸。节经札行司道，督饬地方官严拿究办。本年据各厅州县详报，民间行使俱系局铸制钱，并无小钱搀杂。等情。出具印结。经该管道府州等查明加结，由两司详请具奏前来。臣等覆加访查无异。惟现在添铸当十大钱，用铜较省，深恐黠法之徒仿照私铸，以为牟利之计。臣等已饬局员，凡添铸大钱务求铜质纯净，磨炼精工，使一见即辨为官钱，私钱自不能搀杂。且钱既工致，奸徒仿铸为难，其中无可取利，则私铸亦当不禁而自绝。一面仍饬司道严檄各属，于深山僻壤会同营员实力巡缉，以期私铸绝迹，官钱流通，不得稍有懈弛，致干参究外，臣等谨循例恭折具奏，伏乞皇上圣鉴。谨奏。

朱批：知道了。

奏为滇省文武各官续捐军饷事

咸丰三年十一月二十八日

云贵总督臣罗绕典、云南巡抚臣吴振棫跪奏：为滇省文武各官续捐军饷，恭折奏祈圣鉴事。窃臣等接准部咨，筹备兵饷，准中外文武各官一体捐输。等因。臣吴振棫前经会同调任督臣吴文镕将捐输银数两次缮折具奏在案。兹续据迤南道桑春荣等、维西协副将福隆等共捐银二万零八百八十两，均已解交藩库兑收，谨将职名、捐数开列清单，恭呈御览。该员等情殷报效，可否照例给与议叙，以示鼓励之处，出自皇上天恩。至此外文武各员尚多踊跃急公之人，俟捐项解到，集有成数，即行陆续奏陈。臣等谨恭折具奏，伏乞皇上圣览。

再，滇省奉拨癸丑、甲寅兵饷各省均未按期解到，现由藩库筹借垫放。惟存款无多，势难周转，应请将此次续捐银二万零八百八十两拨为滇饷，仍于应拨滇饷省分改拨，就近解交大营，以省周折而期迅速。除咨户部外，合并陈明。谨奏。

朱批：另有旨。

奏请交部察议片

咸丰三年十一月二十八日

臣罗绕典、臣吴振棫跪奏：再，臣等前奏剿办东川回匪一折，奉到朱批："竟书名不书姓，乃咨行文移之积习，岂可入奏？殊属急慢，均着饬行。钦此。"闻命之下，曷胜惶悚。窃臣等虽至愚极陋，君父之前，何敢稍涉怠慢。惟时当军务匆忙，一闻首犯就擒，急于具奏缮写，错误未能更正，疏忽之咎，夫复何辞。仰荷皇上天恩，不加谴责，犹复指示谆详，益增感愧，惟有吁恳圣恩，将臣罗绕典、臣吴振棫交部察议，理合附片奏陈。谨奏。

朱批：业经申饬，着不必察议。

奏为臣等遵旨酌保剿办东川在事出力文武事

咸丰三年十一月二十八日

云贵总督臣罗绕典、云南巡抚臣吴振棫跪奏：为遵奉谕旨，酌保剿办东川回匪在事文武尤为出力人员，缮具清单，仰祈圣鉴事。窃臣等于本年八月二十二日奏报剿办东川回匪蒇事一折，钦奉上谕："此次剿办回匪文武员弁，着该督等择其尤为出力者酌量保奏，候朕施恩。至该地方失事文武各官功过尚足相抵，着加恩免其议处，毋庸再行保奏。钦此。"仰见我皇上体恤臣工，微劳必录，虽激扬之并用，务赏劝以无遗，臣等曷胜钦感。伏念回匪马二花于本年三月肆扰乌龙，戕官胁众，蔓延寻甸，回窜东川。臣罗绕典于七月到滇，与臣吴振棫会商添兵调练，首犯就擒，其出力文武当经随折声叙。而前督臣吴文镕始在寻甸督办，已经四月之久，其员弁出力者犹恐未能尽悉。因前署臬司崔光笏、迤东道潘楷曾随前督臣驻寻堵剿，闻见最真，札饬会同藩司史致蕃、臬司清盛详慎核查，分别劳绩，务求无遗无滥。兹据该司道等详称，自军兴以来，调集云贵两省兵练攻剿贼巢，该匪等被剿窜出，扰及寻甸、八甲、鲁冲，节次攻打，贼势渐弱。既又回窜东川，沿途裹胁，意在窥袭郡城，该文武员弁等追剿不遗余力。迨后添入滇兵一千名，又饬贵州各委员添带兵练严防闸塘、者海窜出之路，并札营三路，直逼贼巢，逐日搜剿获胜，首犯穷蹙就擒，难回投诚就抚。其前后临阵出力各员，始终奋勇，而该文员等或办理文案，或襄办粮台，或筹备抚恤善后各事宜，均能不辞劳瘁，实属共见共闻。谨核实开列衔名详覆前来。臣等细加酌核，尚无冒滥遗漏。除地方失事文武各官业经免其议处，不敢再行保奏，并其次出力员弁由外存记随时奖励外，理合缮具清单，吁恳天恩奖叙。所有臣等遵旨酌保缘由，谨恭折奏闻，伏祈圣鉴训示。谨奏。

朱批：另有旨。

奏为密陈滇黔两省提镇司道府各员考语事

咸丰三年十二月十八日

云贵总督臣罗绕典跪奏：为密陈滇黔两省提镇司道府考语，仰祈圣鉴事。窃照提镇司道府各员，每于年底例应密加考语，缮折具奏一次，遵行在案。兹届咸丰三年年底，所有云南、贵州两省提镇、藩臬、道府，除总兵、司道内，现有尚未到任及甫经抵任，并知府内亦有抵任未及久甫经请升尚未到任之员，容俟再行察看外，其余各员，臣随时留心，详加察访，按其才品，并平日办事供职，据实分别出具考语，恭折缮具清单密呈御览，伏祈皇上圣鉴。谨奏。

朱批：知道了，单留中。

呈滇黔两省提镇各员考语单

咸丰三年十二月十八日

　　谨将滇黔两省提镇密加考语，缮具清单，恭呈御览。

　　云南提督荣玉才，老成历练，为守兼优，公正严明，允孚众望，精力强健，熟悉滇黔形势，民苗畏服，不愧边才。

　　临元镇总兵文俊，明练勤慎，能服兵心。

　　腾越镇总兵常存，现署贵州威宁镇，虽人品未纯，而前在东川，尚能勇往出力。

　　开化镇总兵都隆阿，尚未到任。

　　鹤丽镇总兵音德布，带兵剿贼，尚未回任。

　　昭通镇总兵福陞，现署鹤丽镇，年力富强，营务练习。

　　普洱镇总兵，尚未补放有人。

　　贵州提督布克慎，现在军营，尚未到任。

　　安义镇总兵赵万春，现署提督篆务，曾得勇号，可备御侮折冲。惟所见太小，时招物议，以之表率通省将弁，究非所长。

　　镇远镇总兵秦定三，尚未回任。惟去年在长沙军营，悉其性情朴直，临阵勇往。

　　威宁镇总兵常山，尚未到任。

　　古州镇总兵桂林，现署普洱镇，训练尚勤，营务整饬。

呈滇黔两省司道知府考语单

咸丰三年十二月十八日

谨将滇黔两省司道知府密加考语，缮具清单，恭呈御览。

云南布政使史致蕃，老成醇谨，有守有为，虑事周详，办事勤干，于边省民风吏治尤为熟习，办理裕如。

按察使清盛，到任甫经三月，而察其才识明练，办事细心，矢慎矢勤，知为远到之器。

粮储道崔光笏，器识沉毅，为守兼优，前在寻甸帮办军务，亦极勤慎。

盐法道王成璐，前在贵州铜仁、贵阳两府任内，官声甚好，现供今职未久。

迤东道潘楷，办事谨饬，筹虑深远，刑名熟练，边务亦随处留心。

迤西道王发越，边情谙练，果敢有为，正己率属，不避嫌怨。

迤南道桑春荣，论事详明，处事精细，于通省夷情、土俗、铜务、盐务，皆能深悉无遗。

云南府知府胡文柏，勤慎稳练，办事以实，待人以诚，在滇八年，始终如一。

曲靖府知府邓尔恒，办事勤奋，明干有为，剔弊除奸，不稍阿曲。

临安府知府，现在请旨简放。

澂江府知府吴铣，甫经请补。

广南府知府梁金诏，边防熟习，勇敢有为，筹虑精详，不遗余力。

开化府知府李荣灿，才识兼优，处事明决，筹办边务，深合机宜。

普洱府知府潘如栋，尚未到任。

东川府知府汪之旭，见事即办，绝无规避瞻徇。

昭通府知府吉廉，小心勤勉，应为必为，素为官民爱戴。

大理府知府唐惇培，实心任事，勉力巡防，地方要务，均无贻误。

丽江府知府辛本棨，循分供职，人地相宜。

永昌府知府彭崧毓，才具开展，有志上进之员。

顺宁府知府贾洪诏，尚未到任。

楚雄府知府福瑞，清洁自好，于武备亦甚留心。

贵州布政使吕佺孙，才识明练，筹虑精详，因地择人，不肯瞻徇阿曲。勾稽出纳，井井有条。

按察使孔庆镠，勤慎办公，有体有用，安民察吏，事事细心，戢暴除奸，尤能使民苗畏服。

粮储道承志，年富才明，办事结实，惟间有偏执之处。

贵西道福连，尚未到任。

贵东道周作楫，现升长芦盐运使。

贵阳府知府承龄，已升福建兴泉永道。

安顺府知府刘书年，现甫到黔。

都匀府知府鹿丕宗，在黔日久，熟悉边情，缉暴安良，实心实力。

镇远府知府朱右曾，精明强干，振奋有为，下游边务，均能整顿。

思南府知府左逊，谨饬和平，循分供职。

石阡府知府福奎，性情诚笃，练达老成。

铜仁府知府何冠英，持躬端谨，处事精详，有守有为，任劳任怨，于通省利弊均极留心。

黎平府知府胡林翼，现奉调赴湖北听候差委。

大定府知府李秀发，尚未到任。

兴义府知府张锁，老成明练，果敢有为，表率属寮，力能振作。

遵义府知府佛尔国春，现已捐升道员。

思州府知府张瀚中，平正通达，办事精细，足资表率。

奏为密陈滇黔两省学政杨式穀黄统考语事

咸丰三年十二月十八日

云贵总督臣罗绕典跪奏：为密陈滇黔两省学政考试声名，恭折奏闻，仰祈圣鉴事。窃照学政考试有无劣迹，例应年底具奏一次。兹查云南学政臣杨式穀本年考过澂江、临安、元江、开化、广西、广南、曲靖、昭通、云南、武定、东川、楚雄等府州及黑、白、琅三井学等属岁考。臣于七月甫到滇时，该学臣正局试东川各属，场规甚属谨严，取拔公允，士论禽服。其幕友家人，并无招摇情弊，致滋物议。观其所刊训士条约，先以敦品励学，申诫胶庠，立论得体，洵足模范士林。又，贵州学政臣黄统，臣过黔时，亦在省垣面晤其人，醇谨端方，不改书生本色。考过安顺、兴义、普安、大定、遵义、贵阳、平越、石阡、思南各府厅州属岁考，询及各地方官及臣旧识各绅者，均称学臣取士秉公，关防严禁，均无疵议。所有滇黔两学政供职勤慎，并无劣迹，谨就臣见闻所及，据实密奏，伏祈皇上圣鉴。谨奏。

奏为委任孝顺署理云南昭通镇总兵
篆务恒权署理督标中军副将印务事

咸丰三年十二月十八日

臣罗绕典跪奏：再，臣接准两湖督臣吴文镕咨，楚省现在带兵得力将领不敷差派，奏调现护昭通镇总兵游击王国才、已革贵州参将六品顶戴现署云南抚标右营游击佟攀梅、开化镇把总毕金科、云贵督标外委高天泽赴楚以备任使。等因。臣当即分檄饬调该员弁等来省，饬令星驰赴楚，听候差遣。其王国才所遗云南昭通镇篆，查有现署臣标中军副将孝顺，历练老成，营务谙习，堪以署理。其孝顺所遗副将事务，查有现署云南城守营参将恒权，心地明白，职守克勤，堪以署理。除檄饬遵照外，理合附片具奏，伏祈皇上圣鉴。谨奏。

朱批：知道了。

奏报查明滇省各属交代钱粮尚未结报各案事

咸丰三年十二月十八日

云贵总督臣罗绕典、云南巡抚臣吴振棫跪奏：为查明滇省咸丰三年各属交代俱系依限结报内有造册舛错、驳查、未咨各案，谨缮具清单，恭折奏祈圣鉴事。窃查道光二十八年准户部咨，钦奉上谕："据张沣中奏，查明山东省亏挪积弊及筹办情形一折，当交户部速议具奏。兹据该部覆奏，因思各直省州县经手钱粮亦应趁此时一体查办，以挽积习，着各直省督抚即按户部议，准山东省所定清查限期章程，一律查明具奏，其各属接收交代，亦照山东省章程依限结报。自本年为始，每年统于岁终开单汇奏。等因。钦此。"遵查滇省各属经征钱粮，向系年清年款于奏销前扫数报解，并无蒂欠。其商牲税课、税契等项，亦系按限催提解司，不任存留属库。惟各属经管仓粮以及杂款，均关紧要，亦应认真盘查，方昭核实。臣等督同司道，随时稽查，并严饬各员，于接收交代时务须按款确查，据实结报，倘有亏短，立即揭参，不得扶同徇隐，致干严究。查上年年终汇奏，各属交代截至十二月二十一日止未结各案，内除前经奏参之署嶍峨县陈栋接收杨文熙及孙昺任内交代亏短谷价银两，现据臬司审拟录供会详，所有交代册结，应自覆奏之日，另行起限造报，又同案奏参之署大关同知韩捧日接收杨为翰交代亏短仓库各款银两，该家属于参后依限完缴，亦据臬司将完缴清款缘由审拟录供，并案会详，应俟交代清楚，各款册结至日，仍照原扣统限届满之日详咨外，其余临安等府厅州县提举交代十九案，均已结报清楚。今自咸丰二年十二月二十二日起，至本年十二月二十一日止，各属交代共五十一案内，已将册结报部者三十四案，尚未咨报十七案，内除署宁州杜浩接收孙昺并赵维翰交代一案有亏短银两已另案参办外，计未经咨报十六案，据该管道府等查明，均已依限接收结报，因册造舛错，经各该管上司递相驳查，原交各员有业经进省并委署他缺者，程途弯远，以致辗转，查覆往返稽时，委无亏短捏饰情弊。由藩司史致蕃覆核开单呈送前来。臣等查内有江川等厅县交代八案，或司款册结已到，粮款册结未到，或已有总结及监盘印结，而款册因错发换，均日内可以催齐，又大关同知交代一案，因前案尚未造册结报，此案不能越任造报，以致迟逾，又禄丰等府县交代四案，因款目舛错，驳换迟逾仅止数日，例得免议，均邀免开列外，其余广通等厅县交代三案，据该管道府查已接收清楚，依限结报。因驳换册结尚未到司，现在催令克期造送详咨，毋任再延时日，并将造册迟延应议职名随案送部核议。仍饬司道严查各属，倘有侵挪等弊，立即详揭奏参惩办，断不敢稍涉松懈，致蹈愆尤。所有各属交代尚未结报各案，理合汇开清单，敬呈御览，伏乞皇上圣鉴。再，上半年年终未结报交代共十二案，本年年终未结报交代三案，合并陈明。谨奏。

朱批：知道了。

奏报云南摊补清查案内米谷价银数目事

咸丰三年十二月十八日

云贵总督臣罗绕典、云南巡抚臣吴振棫跪奏：为摊补清查案内米谷价银数目，遵照部议，半年一奏，仰祈圣鉴事。窃查滇省清查案内，各府厅州县短缺交抵米谷，共合银一十九万三千八百七十八两零，奏明于各本缺。自道光二十九年冬季起，分限八年摊补，并请将嘉庆五年暨十四年两次清查咨追未完米谷价银一十二万三千九百八十两零，在于督抚司道府厅州县提举每年应支养廉银内酌提一成弥补，经部覆准在案。嗣准户部咨，各省清查章程应行扣补追赔各项，自道光三十年为始，半年一奏，声明弥补若干，追赔若干，由户部按册稽查，随时拨用。等因。查自道光二十九年冬季起，至咸丰三年春季止，摊解银数业经七次奏报在案。兹据司道将咸丰三年夏秋二季扣获银数会详前来。臣等覆查前项应摊米谷价银一十九万三千八百七十八两零，计已摊存属库应行提解银三万四十五两零。除前据买补报收米谷荞一万二千五百九十九石零，合计价银一万八十七两零。又除提存粮库银一万七千五百七十二两零，内据各属领米谷四千六百九十六石零，合计买价银三千一百九十两零。又拨归司库提补铜本银一万二千八百五十七两零，余银一千五百二十四两零。业经奏准提拨滇饷，又解存库银二千三百八十四两零，现在催令全数批解粮库。尚有归各本缺分摊银一十六万三千八百三十二两零，内自道光二十九年冬季起，至咸丰三年春季止，已摊银七万四千三百四十两零。除据各属领买米谷青稞一万四千九百二十六石零，合价银七千九百九十五两零，又除拨归司库抵补铜本银四万九千三百二两零，又除奏准提拨滇饷银七千九十八两零，余银九千九百四十三两零。今咸丰三年夏秋二季应摊银九千九百四十三两零，已据如数摊解。二共核计，现存粮库银一万九千八百八十七两零，计未摊银七万九千五百四十八两零，仍陆续照案摊解。至提廉弥补以前，咨追未完米谷价银一十二万三千九百八十两零。自道光二十九年冬季起，至咸丰三年春季止，已摊银五万九千五百二两零。今咸丰三年夏秋二季应摊银五千九百七十三两零，亦据如数扣收。共已完银六万五千四百七十五两零，内除宜良县领回买补谷价银四百二十四两零，又除拨归司库抵补铜本银五万五百四十五两零，余银一万四千五百六两零收存粮库，尚未完银五万八千五百五两零，仍饬令按季提扣。除将摊扣细数清册咨部查核外，所有咸丰三年夏秋二季摊扣过米谷价银数目，谨合词恭折具奏，伏乞皇上圣鉴训示。谨奏。

朱批：知道了。

奏报查明上年云南铜厂民欠工本银两事

咸丰三年十二月十八日

云贵总督臣罗绕典、云南巡抚臣吴振棫跪奏：为查明咸丰二年分各铜厂民欠工本银两，分别有着、无着，恭折具奏，仰祈圣鉴事。窃照滇省各铜厂豫发工本银两采办铜斤，历年俱有厂欠。

嘉庆六年，前督臣琅玕等奏准每年查奏一次，将有着者催追完缴，无着者道府确查具结，由藩司汇报，在于司库扣存平余项下拨补，如有不敷，于折内声明应否豁免，听候部议。又嘉庆十一年前督臣伯麟等查奏嘉庆十年各厂民欠，钦奉上谕："此项无着银两，该督等奏称委系各铜厂硐老矿薄，欠户亦系赤贫故绝，所有嘉庆十年厂欠无着银一万二千二百余两，着加恩豁免。钦此。"嗣后，每年无着厂欠俱经按年奏准豁免在案。兹据藩司史致蕃详报，咸丰二年分各厂员造报经放领欠银两，逐一确查，加以分别核减统计。各厂有着民欠银三千九十七两零，无着民欠银七千四百九十六两零。复经委员分查前项无着厂欠，实因嶍硐开采年久，所出矿砂微薄，厂民亏折停歇，先后逃逸，辗转缉追，俱已赤贫故绝，成为无着，并无滥放捏饰情弊。除将司库扣存平余银四千六百二两尽数拨补外，实不敷银二千八百九十四两零，取具各厂员及该管道府印结，由司加结造册，详请具奏前来。臣等覆查嘉庆十年起节年请豁无着厂欠，自一万两内外至一万数千两不等，今咸丰二年分各厂无着厂欠，除拨补外实仅不敷银二千八百九十四两零，查明委无捏饰情弊。应将请有着厂欠银三千九十七两零责成现管各厂员勒限追缴，倘限满追不足数，照例归经放之员赔补，并将欠户治以应得之罪，其无着厂欠拨补不敷银二千八百九十四两零，臣等谨查照旧案，奏恳天恩，俯准豁免。除印结另行咨部外，所有查明咸丰二年分厂欠银两，理合恭折具奏，并缮清单，谨呈御览，伏祈皇上圣鉴训示。谨奏。

　　朱批：户部查核具奏。单并发。

奏为云南东川铜厂被匪滋扰请豁免短办铜斤并领欠工本无可着追事

咸丰四年正月二十六日

　　云贵总督臣罗绕典、云南巡抚臣吴振棫跪奏：为东川铜厂被匪滋扰，短办铜斤并领欠工本无可着追，循照旧案吁恳天恩俯准豁免，无庸补办，仰祈圣鉴事。窃照东川府经管汤丹等厂旧额每年仍办六成有余铜二百一二十万斤，向系按季领本预发礁炉炭户采煎发运，遇有领欠工本之户，查明无着者按年奏请豁免。其办获铜斤多寡，入于考成案内议叙议处，历经遵办在案。咸丰三年三月汤丹厂回匪滋事，纠众焚杀附近之碌碌、大水沟、联兴子厂，各匪亦肆行抢掳礁炉、炭户及砂丁等，或被伤亡，或行逃窜。所有炉房器具，牲畜米薪，悉被焚抢无存。又值夏秋大雨时行之际，山水冲淹，各硐窝无人经管，遂至窝路全坍、厢木尽腐情形，几同废厂。迨至八月内匪首就擒，胁从解散，地方渐就肃清。当经查明，汤丹、碌碌、大水沟、联兴子厂被害最重，余厂次之。经委员协同厂员设法筹办，秋冬之交始将炉户砂丁稍稍招集，官房炉座逐一兴修，各硐窝路复行修提支架。惟各厂被匪蹂躏以后，荒废至七八月之久，虽系旧厂，无异新开。是以三年分夏秋冬三季并未领本，铜斤亦无从办获。至春季分工本，早经全数发给炉户具领，除收过铜十万一千余斤，尚短六成额铜四十二万四千余斤。前据厂员东川府知府汪之旭查明，无着铜三十一万五千一百余斤，合领欠工本银一万七千八百一十余两，以各炉户物故、逃亡，均归无着，声请免追。其有着铜十万八千九百余斤，合工本银六千一百五十余两，该厂员自认督丁赶补，分晰禀请核办。臣等恐有捏饰，饬委迤东道潘楷及昭通府知府吉廉认真查勘禀报，与该厂员所禀相符。兹由该司道核议，请将炉户已领无着工本银两，免其着追，其夏秋冬三季未领工本短办铜斤，免其补办，并免议处，援案详请具奏前来。臣等伏思，工本银两丝毫均关帑项，铜斤尤为京局要需，自难任其短欠。惟此次各厂被匪扰害，领欠工本并非侵亏，现存各户，皆系焦烂余生，此时尚须借款调济，方能修复旧业，若追赔领欠，恐无以谋生，必至星散避匿，于厂务更有关系。查领欠无着在年例本有豁免之条，况兵燹之余，情形尤为可悯。溯查嘉庆二十二三年临安夷匪滋事，蒙自县厂丁领欠工本无可着追，道光元年永北夷匪滋事，该厂未能办获铜斤，俱奏蒙恩旨准其豁免及免其补办在案。今汤丹等厂事同一律，既经查勘属实，合无仰恳皇上格外天恩，俯准将咸丰三年春季分各炉已领工本、未办铜斤计合无着银一万七千八百一十六两四钱二厘一体豁免，其有着铜一十万八千九百余斤，责成厂员赶办起运供兑。至夏秋冬三季未领工本、短办六成铜一百五十七万五千余斤免其补办考成案内，亦即据实登明，免其议处。嗣后应办铜斤，仍严饬照额办解，倘有短缺，照例分别参处着赔，以重厂务。是否有当，臣等谨合词恭折具奏，伏乞皇上圣鉴训示遵行。谨奏。

朱批：户部查议具奏。

奏报滇省文武各官捐输银两事

咸丰四年正月二十六日

云贵总督臣罗绕典、云南巡抚臣吴振棫跪奏：为滇省文武各官普律捐输，恭折奏祈圣鉴事。窃臣等承准巡防王大臣札开议覆直隶总督桂良奏请京外各官普律捐输一折，请自数百两至数十两俱准具呈交纳，其捐数较多者仍请从优奖励。等因。具奏。奉旨：

"依议。钦此。"札行到滇，当即钦遵转行各属办理。兹臣罗绕典捐银一千五百两，臣吴振棫捐银一千两，学政臣杨式毂捐银四百两，提督臣荣玉材捐银五百两，昭通镇总兵臣福陞捐银三百两，藩司史致蕃、臬司清盛、迤东道潘楷各捐银五百两，盐法道王成璐捐银四百两，粮储道崔光笏、迤西道王发越、迤南道桑春荣各捐银三百两，其余文武大小各官亦皆量力捐输，陆续交纳，计共捐银二万一千一百六十两。除臣等及学政提镇并司道等均受恩深重，不敢仰邀议叙，又文武各员捐数无多者毋庸开单外，其捐数自二百两以上之至二千两，谨开列清单敬呈御览，应否给予议叙之处，伏候圣裁。此项捐银已饬司另款收存，听候指拨。再，滇省于咸丰三年十一月二十九日奉文，兹于四年正月兑收清楚，系在两月限内。除咨巡防王大臣并户部外，谨缮折具奏，伏乞皇上圣鉴。谨奏。

朱批：另有旨。

奏为查明滇省各属续捐东川军饷数目请奖励事

咸丰四年正月二十六日

云贵总督臣罗绕典、云南巡抚臣吴振棫跪奏：为滇省各属捐输东川军饷，续经集有成数，恭折奏恳天恩奖叙，仰祈圣鉴事。窃照滇省东川回匪滋事，调派兵练剿捕，所有盐菜、口粮及抚恤善后各项经费，前经奏明，由本省劝捐弥补。旋据省城绅耆人等设局，劝捐银五万五千六百余两，业将各捐生姓名、银数汇单具奏，并声明省外各属捐项俟解交司库后，再行陆续具奏在案。兹据各属报称大挑知县张淮等捐输官职等项，共呈交银三万四千四百九十三两，已解交司库兑收。查各该员及捐生等谊笃维桑，情殷报效，洵属奋勉急公，自应请照筹饷事例及现行常例分别拟请议叙，其银数较少不及议叙者，由地方官给予花红、匾额以昭激劝。等情。由该司道等开单会详请奏前来。臣等覆查无异，谨合词恭折具奏，并开列各该员及捐生姓名、银数清单，恭呈御览。伏乞皇上圣鉴，敕部核议施行。再，此外各属捐生有具呈尚未交银者，容俟解交司库后另行汇办。所有此次捐输银两，应请即照前奏，拨还东川军需借动盐课正款，合并陈明。谨奏。

朱批：户部核议具奏。单并发。

奏为遵旨复奏滇黔两省副将内现无堪胜总兵之员事

咸丰四年正月二十六日

云贵总督臣罗绕典跪奏：为滇黔两省副将内现无合例堪胜总兵之员，谨遵旨覆奏，惟时值用人之际，另于不合例人员内酌保二员，以备皇上采择，谨缮折奏祈圣鉴事。窃臣接准兵部咨，钦奉上谕："现在各省保举堪胜陆路总兵人员将次用竣，着各该省督抚于陆路副将内即行遴选晓畅营务堪胜总兵者，酌保数员，送部引见，候朕记名以备简用。钦此。"臣查滇省额设副将六员内，曲寻协副将明安泰、永昌协副将桂林、维西协副将福陞、楚雄协副将刘开泰俱已升任总兵，悬缺未补有人。至黔省虽有副将十员，内除悬缺未补及尚未到任暨请补未奉部覆各员未敢保举外，其中如遵义协副将常胜、都匀协副将明德历俸虽属合例，查其平日办事仅能循分供职，人望未孚，难胜重任。窃念总兵为专阃大员，务期才识稳练，整饬戎行，方足为各营表率，若令滥竽充数，营务关系匪轻，臣不敢稍事瞻徇，率行保荐。惟现值需才孔急之时，正我皇上破格用人之际，其副将中虽不合例而才具优长者，自当酌保一二员以备采择。兹查有奉部准升尚未引见受札之云南顺云协副将孝顺，年五十七岁，镶红旗满洲人，由健锐营前锋历升副前锋参领，拣发来滇。以游击委用，补授普洱镇中营游击，历升今职。上年东川军务，委令该员带兵堵剿，歼擒回匪多名，不辞劳瘁。该员稳练朴诚，任事勇往，现署昭通镇总兵篆务，办理裕如。又，奏请升署尚未引见受札之臣标中军副将丰伸，年五十一岁，正红旗满洲人，由护军历升副护军参领，拣发来滇。以参将委用，补授抚标中军参将，升署今职。粤西贼匪滋扰，界连开化、广南，该员督率弁兵，严密堵截，巡防要隘，久为出力。该员营务谙练，遇事认真，现署开化镇总兵印务，督办无误。此二员虽与定例未符，实属堪胜总兵之任。合无据实陈明，以备宸衷权度。可否送部引见之处，出自格外天恩。所有滇黔两省现无合例堪胜总兵之员，另于不合例副将内酌保请旨缘由，臣谨恭折具奏，伏祈皇上圣鉴训示。谨奏。

朱批：另有旨。

奏为委任彭长春署理贵州古州镇总兵篆务富保署理定广协副将印务事

咸丰四年正月二十六日

云贵总督臣罗绕典跪奏：为委署镇将篆务，恭折奏闻，仰祈圣鉴事。窃照贵州古州镇总兵篆务，前经臣委令上江协副将哈达古吉拉署理，恭折具奏在案。兹准署贵州提督臣赵万春咨称，署镇哈达古吉拉有亲母佟氏于咸丰三年十月十八日在京病故，该署镇于十二月二十四日在署任闻讣，例应历任丁忧。等因。转咨前来。臣查新授总兵桂林到任尚需时日，所有古州镇总兵篆务自应另行遴员接署，以专责成。查有现署定广协副将事台拱营参将彭长春，明白老成，勤于训练，堪以委令护理。彭长春所遗原署副将事务，查有现署提标中军参将事安义镇标中军游击富保，朴直耐劳，营务谙练，堪以护理。除分饬遵照，并将哈达古吉拉丁忧日期另行恭疏题报外，所有委署总兵、副将各缘由，理合循例恭折具奏，伏祈皇上圣鉴。谨奏。

朱批：*知道了。*

奏为委任邓尔恒贾洪诏分别署理迤西道曲靖府知府事

咸丰四年正月二十六日

再，迤西道王发越前因道光三十年大计卓异，并八年俸满，应行送部引见。旋因该员有承审要案，未便遽行交卸，奏请展限。钦奉朱批："吏部知道。钦此。"钦遵在案。兹该员经手事件业经办理完竣，自应委员接署，以便该员请咨北上。查有曲靖府知府邓尔恒，端勤明练，堪以委令署理。所遗曲靖府印务，查有准升顺宁府知府尚未赴任之贾洪诏，办事结实，堪以接署。据藩臬两司会详前来。除札饬遵照外，臣等谨附片具奏，伏乞圣鉴。谨奏。

朱批：*知道了。*

奏为恩赏福字等物谢恩事

咸丰四年二月二十五日

　　云贵总督臣罗绕典跪奏：为恭谢天恩事。咸丰四年二月二十二日折弁回南，恭赉御书福字一方暨奶饼、果干等件，颁赏到臣，谨即望阙叩头，谢恩祗领。钦惟我皇上承乾布阃，调泰延洪，羲图锡羡于福林，名符百顺，尧蓂扬和于庶草，庆洽重熙。麻祥早衍于珍符，仁义悉归于肴核。绘出星云，纠缦万方，悉颂咸和，敷来雷雨，经纶百果，均沾解泽。当风纪书元之日，正龙逮下之初，容拜天章，恩承露湛。臣兼圻忝领，令序欣逢，仰瞻丹笔书春，宛待璇题于黼座，犹忆红绫赐宴，曾分珍席之瑛盘，言敷锡厥庶民，用惟向五食，共忘乎帝力，瑞应余三愿。推九边黔首之情，书并陈乎康乐；常输一寸赤心之报，治允佐乎馨香。所有微臣感激荣幸下忱，谨缮折恭谢天恩，伏乞皇上圣鉴。谨奏。

　　朱批：*知道了。*

奏为遵旨酌裁黔省兵数以复绿营兵制旧额事

咸丰四年二月二十五日

　　云贵总督臣罗绕典跪奏：为遵旨酌裁黔省兵数，复旧制以节糜费，谨缮清单，恭折奏祈圣鉴事。窃照前准军机大臣字寄，咸丰二年四月十九日奉上谕："前据户部奏请复绿营兵制旧额以节糜费，并侍郎曾国藩条陈裁兵事宜，本日复据户部尚书孙瑞珍奏豫筹库饷请照前议施行。等语。着通谕各直省督抚会同各该提镇查明某营某汛原额兵若干，续增若干，先行据实具奏，一面确查所属空名钱粮，宽其既往失察之罪，即由该督抚总核裁汰。如裁汰后尚浮于乾隆年间旧额，以后遇有缺出，毋庸挑补，并随时斥退老弱残废。约计三年，必可裁复旧额。仍将所裁兵数与节省饷银，每届年终汇奏一次，以备稽核。嗣后武职官员如再有隐匿空粮等弊，即着该管大吏严参重处，以儆贪婪而肃戎政。至各该地方今昔情形或有不同，不妨于裁汰之中寓变通之法，即有衰多益寡之处。统全省绿营而计，总不至逾旧额。钦此。"当即钦遵转行查办去后，旋由贵州巡抚臣蒋霨远将遵办裁汰大概情形于上年六月内先行奏明在案。

臣覆查，黔省各标镇协营自乾隆四十六年以前旧设额兵共计三万二千四百八十五名，因节次添兵，递增至三万六千四百七十七名，计逾旧额兵三千九百九十二名，应即酌核裁减，始足以符旧制。惟地居边要，或今昔情形不同，若分营按成裁汰，不复按照地方时势办理，必多窒碍。务须揆情度势，斟酌多寡，核定去留，斯无空糜之饷，仍为有制之兵，于营务始有裨益。又查黔省跬步皆山，不便驰骋，本非马兵见长之地，若择其马之可裁者，量为裁减，则马干银数可节，而兵制仍属整齐。兹据贵州布政使吕佺孙、按察使孔庆镠详称，现拟于贵阳、安义、威宁、镇远、古州、松桃、铜仁、清江、上江、平远、朗洞、平越等十二营内原额兵一万七千六百二十九名内，先裁去兵二千三百九十四名，又抚标及大定、永安、遵义、定广、台拱、丹江、长寨、毕赤、归化、思南、长坝、水城、普安、黔西、安南、新添、仁怀等十八标协营原存兵一万一千八百八十七名，拟裁去兵二千三百七名，二共计裁去兵四千七百一名，核与浮于旧额之三千九百九十二名，业已悉归裁汰。其余各营有核数尚可酌裁，而出师在外者较多，或地近楚粤，势应多留，并有概留未裁者，仍俟将来随时察看地方情形，再为补办。至各营可裁马匹，以马兵改为战兵，约可裁马十分之四，其应留马兵地方，仍存其旧，计可裁马七百七十九匹。统计所裁兵丁、马匹每年约可节省银八万五千七百余两。其所裁兵数统限自本年春季起，至冬季止，一律裁竣，以免迟延。详请具奏。等情。前来。臣与贵州巡抚臣蒋霨远往返函商，意见均合。覆查黔省各营兵数多寡，因地立制，情形不同，本难拘以一例。先据该司等酌量裁减，均系按照现在情形再四斟酌，似俱允协，以后如有隐匿空粮，随时严查参办。除将现裁名数由臣移行提镇协营遵照办理外，所有裁汰兵数缘由，臣谨会同贵州巡抚臣蒋霨远、署贵州提督臣赵万春缮具清单，合词恭折具奏，伏祈皇上圣鉴训示。谨奏。

朱批：该部议奏。单并发。

奏报将亏短仓库各款之已故署宁州知州审明议拟事

咸丰四年二月二十五日

云贵总督臣罗绕典、云南巡抚臣吴振棫跪奏：为审明议拟，恭折奏祈圣鉴事。窃照已故署宁州知州孙昺亏短仓库各款，经臣吴振棫会同前督臣吴文镕参奏，奉朱批："知道了。钦此。"随即饬委昆明县知县王秀毓密往该故员寓所查抄，并提丁书人等，饬发审办去后，兹据云南府知府胡文柏、昆明县知县王秀毓审明，由藩臬两司、粮储迤南二道覆审，议拟详解前来。臣等率同该司道等覆讯，缘署宁州知州孙昺籍隶浙江绍兴府会稽县，捐纳通判，分发云南试用。道光三十年十二月委署宁州任内，接收前州徐震翱移交霉变谷价银一千二百三十五两，照例价每石五钱，合抵谷二千四百七十石，存俟秋成买补。适值临境石屏州属地方连年旱灾，均来宁州籴买米石，以致米价昂贵，该故员因仓储攸关，例应买补，随向新兴各处陆续采买谷二千四百七十石，挽运还仓。计每谷一石价银七钱，每站运脚银一钱五分，新兴距州两站，给脚价银三钱，共计合银二千四百七十两。除将移交银一千二百三十五两尽数发给外，其不敷银两即将征获税契、已领铜本各款银一千一百两挪用。原拟事后设法弥补，嗣于咸丰二年八月二十五日因病出缺。经接署州杜浩会同监盘委员查明，并盘折仓谷，合价银一千三百六十六两四钱，连前共亏短银二千四百六十余两。臣等恐有侵亏捏饰情弊，即提该丁书人等反覆究诘，委系因公挪移，并无侵蚀，丁书人等亦无乘间舞弊情事，似无遁饰。此案已故通判孙昺于署宁州任内挪用税契等款银两垫买仓谷，以致亏短，自应照例问拟。孙昺应如委员及司道所拟，合依挪移库银五千两以下拟杂犯流总徒四年，业已病故，应毋庸议。亏短银两除将抄获任所什物变价备抵外，下余之项应移原籍查封家产备抵。家丁赵升、户书张盛一、仓书张亮讯无乘间舞弊情事，均请免议，无干省释。除招供咨部外，所有审明议拟缘由，臣等谨合词恭折具奏，伏乞皇上圣鉴，敕部核覆施行。谨奏。

朱批：该部议奏。

奏请以彭长春升署贵州清江协副将事

咸丰四年二月二十五日

云贵总督臣罗绕典跪奏：为苗疆要缺副将题补乏员，恭恳圣恩俯准升署以裨地方事。窃照贵州清江协副将德安升任遗缺，接准部咨，系题补之缺，应轮用豫保。该省现无豫保，亦无拣发人员，行令于现任应升应补人员内照例拣选题补。等因。查黔省现无应补副将人员，而额设参将七员内，或历俸未满，或甫经题补，尚未接札到任，实无合例应升之员。且该副将一缺驻札清江厅城，所辖地方幅员辽阔，民苗杂处，训练巡缉，均关紧要，非年壮才明不足以资整顿。兹查有贵州台拱营参将彭长春，年五十四岁，湖南长沙府湘阴县人，由武生历拔临武营左哨千总，掣补贵州提标左营守备，例升今职。该员明白稳练，勤奋有为，护古州镇篆务，办理裕如，以之升署清江协副将，洵堪胜任。惟清江协副将一缺，系咸丰三年八月所出，该员系咸丰二年十月领札，历俸未满三年，与升补之例稍有未等。第向来历俸未满，先行升署员缺，历经奏明办理有案。臣因边缺需员，谨遵人地相需之例，专折声明，合无仰恳天恩，俯念边缺紧要，准以贵州台拱营参将彭长春升署清江协副将，于营伍地方均有裨益。如蒙俞允，俟部覆至日，照例给咨赴部引见。仍扣足升署日期，另请实授。臣谨会同贵州巡抚臣蒋霨远、署贵州提督臣赵万春合词恭折具奏，伏祈皇上圣鉴训示。谨奏。

朱批：兵部议奏。

奏为云南鹤丽镇标左营守备谢芳兰请旨勒休事

咸丰四年二月二十五日

云贵总督臣罗绕典跪奏：为甄劾体弱技疏难期振作之守备请旨勒令休致，以肃营伍，仰祈圣鉴事。窃臣查上年东川军务所调曲寻营兵弁多不得力，营务大都废弛，须有出力备弁随时整顿训练，方可日有起色。若备弁庸劣，则众兵观法无由。兹查有署云南曲寻协中军都司之鹤丽镇标左营守备谢芳兰，平日官声平常，而又体弱多病，及臣调至省垣考验，该员精神委顿，箭射无准，不成式样，并试以刀矛杂技，均未练习。此等庸劣之员，尚安望其振作。若久留恋栈，适足废弛营务，未便姑容。应请旨将署云南曲寻协中军都司之鹤丽镇标左营守备谢芳兰勒令休致，以肃营伍。再，谢芳兰系由云骑尉世职出身，应委员接署，并追取札付敕书，另行咨部办理。此外，各营官弁如有材难胜任、声明名平常者，臣仍随时察看甄别，以肃戎政。谨会同云南巡抚臣吴振棫、云南提督臣荣玉材合词恭折具奏，伏祈皇上圣鉴训示。谨奏。

朱批：谢芳兰着勒令休致。该部知道。

奏为委任伊昌阿署理云南临元镇总兵印务白人鹏署理楚雄协副将印务事

咸丰四年三月二十六日

云贵总督臣罗绕典跪奏：为委护镇将篆务，恭折奏祈圣鉴事。窃臣接准部咨，钦奉上谕："福建陆路提督着秦定三补授，现在军营，未到任以前着云南临元镇总兵文俊迅速前往署理。钦此。"自应迅即委员接署，以便文俊交卸起程。臣查有现署楚雄协副将之威远营参将伊昌阿，深谙营务，振作有为，宽严得体，堪以委往护理。其伊昌阿所遗副将印务，查有现署东川营参将之候补参将白人鹏，精明强干，训练克勤，堪以署理。除檄饬遵照外，所有委护镇将篆务缘由，理合恭折具奏，伏祈皇上圣鉴训示。谨奏。

朱批：知道了。

奏请以汪堃升补顺宁县知县事

咸丰四年三月二十六日

云贵总督臣罗绕典、云南巡抚臣吴振棫跪奏：为极边要缺知县现调补乏员，仰恳圣恩俯准遴员升补，以裨地方事。窃照云南顺宁县知县景尧春运铜行抵湖北襄阳府，因病出缺，已据运铜委员周力墉自湖北禀呈，由司详请题报开缺。所遗顺宁县系题调要缺，例应在外拣选调补。查该县地属极边，汉夷杂处，政务殷繁，且当回匪甫靖，一切抚驭巡防，均关紧要，必须精明强干熟悉边情之员，方足以资治理。兹据藩臬两司详称，以边缺未便久悬，急应遴员请补。现于通省应调人员内逐加遴选，非现居要缺，即人地未宜，虽有即用应补之员，均于此缺不能胜任。惟于应升人员内，查有奉旨以应升之缺升用甫经捐升知县之昭通府经历汪塈，年三十七岁，浙江监生，遵豫工二卯例报捐府经历，分发贵州。道光二十四年十一月到黔试用，嗣在东河捐输，议叙归捐班前先用，咨署贵阳府经历。二十七年四月准署到任，调补镇远府经历。因亲父贵州贵筑县知县，遵例回避，咨调云南昭通府经历。二十九年十月到任，咸丰元年三月奉文实授。因拿获临境斩决盗犯三名，经前署抚臣程矞采保题，奉旨："以应升之缺升用。钦此。"上年遵筹饷例，捐升知县，代理恩安县知县。该员干练老成，办事勤奋，且在滇年久，熟悉边地夷情，以之升补顺宁县知县，洵堪胜任。该员试俸届满，已经另案请销其捐升知县，并捐离任，尚未奉准部覆开缺，仍例得请升。惟查顺宁县系极边题调要缺，现因调补乏员，请援人地相需之例，专折具奏，仰恳天恩俯念边缺紧要，准以奉旨以应升之缺升用之昭通府经历汪塈升补，实于地方有裨。如蒙俞允，该员系应升知县之员，应俟升补部覆至日，照例送部引见。所遗昭通府经历缺，滇省现有应补人员，再行简员请补。除将景尧春出缺日期恭疏题报外，兹据藩臬两司会详前来。臣等谨合词恭折具奏，伏祈皇上圣鉴训示。谨奏。

朱批：吏部议奏。

奏为因委署乏员请旨新授云南昭通镇总兵福陞新任贵州古州镇总兵桂林暂缓陛见事

咸丰四年三月二十六日

云贵总督臣罗绕典跪奏：为升任总兵应行陛见，现在委署乏员，恳恩俯准暂缓入都，恭折奏祈圣鉴事。窃臣于三月内先后接据新授云南昭通镇总兵之现署鹤丽镇总兵福陞，并新任贵州古州镇总兵之现署云南普洱镇总兵桂林各禀称，该镇等均已奉到朱批："着来见。钦此。"钦遵。自应分别委员接署，以便该镇等交卸北上。惟查滇省额设副将六员，尚未到任者二员，现署总兵篆务者四员，实无可委之员。至参将、游击中，非委署要缺，即带兵出师，辗转接替，一时尤难酌委。合无仰恳天恩，俯准俾福陞、桂林暂缓陛见，俟委署有人，即令该镇等交卸入觐，以重边疆营务。除移行遵照外，理合恭折具奏，伏祈皇上圣鉴训示。谨奏。

朱批：知道了。

奏报滇省运铜委员预借铜运养廉银两事

咸丰四年三月二十八日

云贵总督臣罗绕典、云南巡抚臣吴振棫跪奏：为运铜委员豫借铜运养廉银两，循例奏祈圣鉴事。窃查运铜人员铜船在途日久，经费不敷，例由江南、湖北二省专折奏明借给养廉接济，第不得过八百两之数，历经遵照办理在案。兹据壬子年正运三、四起委员杨觐、刘春溥，以该员等委运京铜，先因江路梗阻，未能领运。嗣接行知准四川省转准户部：因京局需铜甚急，奏奉上谕，将川楚封存铜铅改道运京，饬令仿照赶紧领运前进，以免稽延。惟查铜运既经改道，则应由川河至荆州沙市等处运抵新野地方，复由陆路转运至内黄县，不由江南、湖北省城经过，无从借领养廉。现值兵燹之余，物价昂贵，用费增多，倘中途稍有掣肘，恐误京局鼓铸。应请查照借支养廉之例，各豫借银八百两，俾资备带济运而免贻误。等情。禀经藩司史致蕃具详前来。臣等查委员杨觐、刘春溥二员先已饬令驰赴泸州，领运前进，现据禀请借领养廉，备带济运，委系实在情形，应照例准其借给。除咨明户部，并知照下游各省不准再借其豫借之银，俟事竣回滇，在于报销应找银内核扣归款外，理合循例会折具奏，伏乞皇上圣鉴训示。谨奏。

朱批：该部知道。

奏报滇省官绅四次续捐军饷银两事

咸丰四年三月二十八日

云贵总督臣罗绕典、云南巡抚臣吴振棫跪奏：为滇省官绅四次续捐军饷，恭折奏祈圣鉴事。窃臣等前准部咨筹备兵饷准中外文武各官一体捐输。等因。臣吴振棫前经会同督臣罗绕典，将文武各官捐输银数三次缮折具奏在案。兹续据官绅等捐输银二万三百五十两，先后解交藩库兑收，内有告养在籍今丁父忧兵部侍郎黄琮续捐银四百两，按察使清盛续捐银五百两，俱声明受恩深重，不敢仰邀议叙外，其余永昌府知府彭崧毓等所捐银数均核与减成报捐议叙新例相符。谨将职名、银数开具清单，恭呈御览，仰恳天恩，敕部分别议叙，以示鼓励。再，滇省奉拨兵饷银两，因驿路阻滞，各省均未能解到，所有此项捐输银两，请即拨为滇饷支用，仍于浙江应解滇省饷银内就近拨解大营，以免周折。除咨明户部暨飞咨浙江抚臣查照外，合并陈明。谨奏。

朱批：另有旨。

奏报滇省咸丰四年二月收捐贡监生银数事

咸丰四年三月二十八日

　　再，滇省咸丰四年二月分收捐贡、监生八名，银八百六十四两。自嘉庆五年四月开捐之日起，至咸丰四年二月止，共收捐贡、监生银九十万三千四百五十两。内除节次交部库及拨归封储筹边备用，拨充历年铜本水脚、兵饷，并粤西军饷，川、黔解运铜铅水脚等款外，应存银一万二千九百三十四两零。又除两次奏明为滇省兵饷银八千六百六十二两零，实存银四千二百七十二两。俟收足三万两即行提补本省封储。又准部咨，嗣后收捐武监生，于月报折内声明。查咸丰四年二月分收捐贡、监生八名，内有武监生五名。计自道光二十二年五月收捐武监生起，至咸丰四年二月止，共收捐武监生二百九十名。又准部咨，筹饷事例收捐随官贡、监生银两，仍照常例归入监饷款内一律办理。今二月分收捐输军饷贡、监生八名，计自咸丰二年十月起，至四年二月止，共收捐筹饷并捐输军饷贡、监生四十一名，银两均统归前项收捐贡、监生数内核计。理合附片陈明。谨奏。

朱批：户部知道。

奏为率行奏闻奉旨议处谢恩事

咸丰四年四月十八日

云贵总督革职留任臣罗绕典、云南巡抚革职留任臣吴振棫跪奏：为谢天恩事。窃臣等前以文山县知县冯峻在署通海县任内收获临境盗犯，奏请送部引见，钦奉朱批："冯峻着送部引见。该督抚接准部咨，率行奏闻，并未请旨，实属显违定制，罗绕典、吴振棫均着议处具奏。吏部知道。钦此。"闻命之下，惶悚难名，兹准吏部行知将臣罗绕典、臣吴振棫均照违制公罪革职留任。伏念臣等才识庸愚，奉职无状，方涓埃之未效，干吏议以滋惭。乃蒙我皇上曲赐矜全，仍留本任，私衷愧悔，兢惕弥深。臣等惟有勉策驽驹，益加勤慎，以期仰副高厚鸿慈于万一。所有微臣等感悚下怀，谨缮折恭谢天恩，伏祈皇上圣鉴训示。谨奏。

朱批：知道了。

奏为遵旨酌裁滇省步守兵丁并现在已裁未裁数目事

咸丰四年四月十八日

云贵总督革职留任臣罗绕典跪奏：为遵旨酌裁步守兵丁，分别现在已裁未裁数目，谨缮清单，恭折奏祈圣鉴事。窃照咸丰二年六月二十一日钦奉上谕："令各直省督抚将各营现设额兵若干较乾隆四十六年以前核实裁汰，以后遇有缺出，毋庸挑补，并随时斥退老弱残废。约计三年，必可裁复旧额，仍将所裁兵数与节省饷银每届年终汇奏一次。至各该地方今昔情形，或有不同，不妨于裁汰之中寓变通之法，即有衰多益寡之处，统全省绿营而计，总不至逾旧额。等因。钦此。"当经前督臣吴文镕将滇营旧设额兵及现在兵数查明覆奏在案。臣到任后，恪遵谕旨，覆查滇省各标镇协营乾隆四十六年以前旧设额兵三万六千四百零三名，自四十七年以后节次加添，现在递增至四万四百零三名，较乾隆四十六年以前实多兵四千名，应即照数裁减，以符旧制。惟查滇省界连外域，林密山深，营制最关紧要，其驻扎险要镇协与分防边汛各营，必须详察地势，按以今昔情形，因地制宜，酌量裁汰，庶不致糜饷项，仍足以壮声威。臣悉心稽核合计筹商，除马兵一项甫于上年酌改步兵六百六十八名，未便再议裁减外，今拟裁各营步兵二千五百一十七名、守兵一千四百六十五名，共计裁兵三千九百八十二名，每年可节省饷银六万二千八百八十六两。

虽逾旧额兵十八名，皆缘因地制宜，遵旨变通办理。臣随即分饬各营，遇有年衰技庸及事故兵缺，概行停其募补，并叠次檄催办理去后，现据云南布政使史致蕃详称：将滇省各营应裁兵丁统限三年裁竣。兹自亲奉谕旨之日起，截至本年二月底止，业经陆续裁去步兵八百五十六名、守兵四百九十六名，共已裁去兵一千三百五十二名，尚有应裁兵二千六百三十名。即应一律裁减，开列清单详请具奏前来。臣查裁步兵较少之永昌、云南城守、武定、广南等四协营均已裁汰如额，其余限以三年概行裁毕，仍饬司将所裁饷银截存营中留抵现放兵饷，并严饬各营遵照赶紧裁清，毋任延宕。俟裁毕后，再将所节饷米定数奏闻。所有拟裁滇省步守兵丁及已裁未裁各数，臣谨会同云南巡抚臣吴振棫、云南提督臣荣玉材缮具清单，合词恭折具奏，伏乞皇上圣鉴训示。谨奏。

朱批：该部知道。单并发。

奏请以伊萨布升署贵州上江协副将事

咸丰四年四月十八日

云贵总督革职留任臣罗绕典跪奏：为苗疆要缺副将题补乏员，恭恳圣恩俯准升署以裨地方事。窃照贵州上江协副将哈达古吉拉之母在京病故，丁忧遗缺。接准部咨，系题补之缺，应轮用豫保人员。该省现无豫保，亦无拣发人员。应令该督于现任应升应补人员内拣选题补。等因。臣查黔省并无豫保及拣发候补人员，即于额设参将七员内逐加遴选。黎平营参将庆瑞，业经题升铜仁协副将，遗缺未补有人。台拱营参将彭长春，甫经奏请升署清江副将，未奉谕旨。其朗洞营参将严承恩现在军营，尚未到任。至提标、长寨、丹江等营参将，或甫经题补，未奉部覆，并题补尚未引见，均无合例应升之员。且上江协副将一缺，驻扎都江厅城所辖地方，与粤西接壤，幅员辽阔，民苗杂处，正当防堵吃紧之际，非年壮才明不足以资整顿。惟查有贵州抚标中军参将伊萨布，年三十八岁，正红旗满洲人，由三甲世袭二等轻车都尉兼勋旧佐领，本旗当差，于道光三十年二月内前任督臣程矞采奏请拣发，经兵部带领引见，奉旨："伊萨布着发往贵州，以参将补用。钦此。"现供今职。该员年富才明，营务谙练，现委署清江协副将印务，办理裕如，以之升署上江协副将，洵堪胜任。臣函商贵州巡抚臣蒋霨远，意见相同。惟查此缺系咸丰三年十二月所出。该员系咸丰三年三月内领札，历俸未满二年，与升补之例稍有未符。第向来历俸未满先行升署员缺，历经奏明办理有案。臣因边缺需员，谨遵人地相需之例，专折声明，合无仰恳天恩，伏念边缺紧要，准以贵州抚标中军参将伊萨布升署上江协副将，实于营伍、地方均有裨益。如蒙俞允，俟部覆至日，照例给咨赴部引见，仍扣足升署日期，另请实授。臣谨会同贵州巡抚臣蒋霨远、贵州提督臣赵万春合词恭折具奏，伏祈皇上圣鉴训示。谨奏。

朱批：兵部议奏。

奏为贵州松桃协副将现无合例升补人员请旨简放事

咸丰四年四月十八日

云贵总督革职留任臣罗绕典跪奏：为苗疆要缺副将现无合例堪以升补人员，恳恩敕部开单请简，以重边防，恭折奏祈圣鉴事。窃臣接准兵部咨，咸丰三年十一月二十日内阁奉上谕："云南普洱镇总兵员缺，着文英补授。钦此。"除将该员补放总兵之处注册外，其所遗贵州松桃协副将员缺，系题补之缺，应轮用豫保人员。该省现无豫保，亦无拣发人员，应令该督于现任应升应补人员内拣选题补。等因。臣查黔省额设参将七员，除台拱营参将彭长春甫经奏请升署清江协副将，未奉谕旨，抚标中军参将伊萨布现经另折奏请升署上江协副将外，其余五员或业经题升副将，遗缺未补有人，或现在军营，尚未到任，或题补未奉部覆，并题补尚未引见，实无合例升补副将之员。查松桃协系苗疆边缺，界邻楚省，控驭巡防，均关紧要。黔省既无合例升补人员，惟有仰恳天恩敕部开列名单，恭候简放，以裨营伍而重边防。臣谨会同贵州巡抚臣蒋霨远、贵州提督臣赵万春合词恭折具奏，伏祈皇上圣鉴训示。谨奏。

朱批：兵部查照办理。

奏报滇省咸丰四年三月收捐贡监生银数事

咸丰四年四月十八日

再，滇省咸丰四年三月分收捐贡、监生六十六名，银七千六百二十两。自嘉庆五年四月开捐之日起，至咸丰四年三月止，共收捐贡、监生银九十一万一千七十两。内除节次解交部库及拨归封储筹边备用，拨充历年铜本水脚、兵饷，并粤西军饷、川黔解运铜铅水脚等款外，应存银二万五百五十四两零。又除两次奏明作为滇省兵饷银八千六百六十二两零，实存银一万一千八百九十二两，俟收足三万两即行提补本省封储。又准部咨，嗣后收捐武监生于月报折内声明。查咸丰四年三月分收捐贡、监生六十六名，内有武监八名。计自道光二十二年五月收捐武监生起，至咸丰四年三月止，共收捐武监生二百九十八名，又准部咨筹饷事例，收捐随官，贡、监生银两仍照常例归入监饷款内一律办理。今三月分收捐贡、监生六十六名，俱系捐输军饷。计自咸丰二年十月起至四年三月止，共收捐筹饷并捐输军饷贡、监生一百零七名，银两均统归前项收捐贡、监生数内核计。理合附片陈明。谨奏。

朱批：户部知道。

奏报滇省铜本支绌借动盐课银两事

咸丰四年四月二十日

云贵总督革职留任臣罗绕典、云南巡抚革职留任臣吴振棫跪奏：为滇省铜本支绌，借动盐课银两，恭折奏祈圣鉴事。窃查滇省奉拨癸丑年铜本，前因各省欠解，不敷支放，借动咸丰二年分盐课银二十万两，于该年奏销案内奏请径行开除，声明俟癸丑铜本解滇，即行拨还，归入下年奏销册内，作为新收造报在案。兹查癸丑年铜本除减办、加运两起外，实应解滇银五十三万七千余两内，仅收到江西省委解及拨收过云南盐务盈余、捐监、扣停养廉，四川防堵余存等款，共银三十三万二千三百九十余两，尚未解滇银二十万五千两。又甲寅、乙卯等年分应需铜本银两，分厘未准解到，通共实未解滇银一百八十余万两。现在给发工本、运脚，铜库无款可筹，行催各省，亦总不能济急，是以上年秋冬及本年春间陆续借动过咸丰三年分征存盐课内银十四万三千八百两，先后共合借过银三十四万三千八百两。惟盐课系奏销正款，既经借动，自应随时奏明，以归核实而昭慎重。据藩司史致蕃具详前来。臣等谨恭折具奏，伏乞皇上圣鉴。谨奏。

朱批：户部知道。

奏为应行引见云南知府胡文柏等员均有经手未完要件请旨展限赴部事

咸丰四年四月二十日

云贵总督革职留任臣罗绕典、云南巡抚革职留任臣吴振棫跪奏：为应行引见各员现有经手要件，恭折奏恳天恩，俯准展限赴部，仰祈圣鉴事。窃照滇省大计卓异并俸满准升及平反案件人员，现准吏部调取引见者甚多。除迤西道王发越现已领咨进京，赵州知州周力壏派运京铜，业经给咨赴部外，查云南府知府胡文柏前经饬委帮办官钱局，大理府知府唐惇培准升普洱府知府，管理宁台厂务潘如栋现值设炉开铸，事属创始，头绪纷繁，应令一手经理。又，楚雄府知府福瑞、署赵州知州缪阗、署腾越同知孔昭鈖现有汉回及汉夷交涉案件，必须妥员详慎办理。又，黑盐井提举沈承恩经征盐课最重，现值催趱奏销，且因短运铜斤，经臣等奏请摘顶勒办，亦未便令其离滇。以上各员，各有经手未完事件，难以遽行更易。兹据藩臬两司会详前来。相应奏恳天恩，俯准展限，俟该员等经手事竣，再行分别给咨送部引见。至此外奉部调取之员，已饬令陆续请咨赴部。臣等谨合词恭折具奏，伏乞皇上圣鉴。谨奏。

朱批：吏部知道。

192

奏为委任秦炳章署理龙陵同知事

咸丰四年四月二十日

再，署永昌府龙陵同知事河阳县知县宋淇现另有差委事件，所遗龙陵同知，系极边要缺，非试用人员所能胜任。查有鹤庆州知州秦炳章，明白老练，任内并无盗劫三参届满已起四参之案，可以调署。据藩臬两司会详前来。除札饬遵照并将所遗鹤庆州知州缺另行委员接署外，臣等谨附片具奏，伏乞皇上圣鉴。谨奏。

朱批：知道了。

奏为滇省总兵乏员委署请将保举堪胜总兵之副将孝顺丰伸二员暂缓送部引见事

咸丰四年五月二十二日

云贵总督革职留任臣罗绕典跪奏：为滇省总兵乏员委署，请将保举堪胜总兵之副将暂缓送部引见，恭折奏祈圣鉴事。窃臣具奏酌保准升云南顺云协副将孝顺、升署督标中军副将丰伸二员，均堪胜任陆路总兵，于咸丰四年四月三十日钦奉朱批："另有旨。钦此。"兹臣接阅邸抄，奉上谕："罗绕典奏保举堪胜陆路总兵人员一折，云南顺云协副将孝顺、督标中军副将丰伸，均着送部带领引见。钦此。"又于五月初二日续准兵部咨开咸丰四年三月二十七日内阁奉上谕："甘肃西宁镇总兵着该督于陕甘两省总兵内拣员补调，所遗员缺着孝顺补授。钦此。"钦遵移行在案。臣查孝顺现署云南昭通镇总兵，丰伸现署云南开化镇总兵，均应委员接署，以便该员等交卸，给咨赴部引见。惟查滇省额设副将六员，或现署总兵篆务，或新任尚未抵滇，实无可委之员。其参游等将，非委署要缺，即带兵出师，一时实在乏员借署。且委署镇篆必须遴选干员为之表率，庶营伍操防俾资整饬。合无仰恳天恩，俯准孝顺、丰伸二员暂缓进京，一俟接署有人，即行给咨饬该二员迅速赴部引见。理合恭折具奏，伏祈皇上圣鉴训示。谨奏。

朱批：另有旨。

奏为滇省武职委用乏员请旨敕部拣发事

咸丰四年五月二十二日

194

云贵总督革职留任臣罗绕典跪奏：为滇省武职委用乏员，请旨敕部拣发，以资差遣，恭折奏祈圣鉴事。窃照各省武职人员如差委不敷，例应随时奏请拣发。兹查滇省候补各员，节经前督臣等奏请先后到省者，除陆续补用以及事故外，现仅有都司来福、长德二员未经补缺，亦俱饬委署事。近因军务未竣，滇省将备多有带兵出师尚未归伍之员。凡遇缺出，委用乏人。每于实缺中辗转调署、兼署，而凡职衔小而署大缺者，差操训练呼应亦恐不灵，或遇紧要事件，不敷差委，动多掣肘。相应奏恳天恩俯准敕部于曾任绿营候补候选人员内拣选副将一员、参将二员、游击二员，由部带领引见后，分发来滇，以资差遣委用，于营伍实有裨益。理合恭折具奏，伏祈皇上圣鉴训示。谨奏。

朱批：着照所请。兵部知道。

奏为甄别贵州黔西营游击何泽请旨勒休事

咸丰四年五月二十二日

云贵总督革职留任臣罗绕典跪奏：为甄别年衰有疾之游击，请旨勒休，以肃营伍事。窃臣统辖两省营伍，时恐查核难周，每于调考将弁，验其弓马之娴否，以定去留。即未经谒见者，亦不敢不密加访察，核其能否胜任。兹查有卸护贵州清江协副将事之黔西营游击何泽，年六十七岁。臣先风闻该游击精力就衰，旧疾时发。适该员已届甄别之期，当即委员接署，调令来滇考验。日久未据赴滇，复经行催去后，旋准贵州提臣赵万春咨，据该游击何泽禀称：因前出师广西军营，得受潮湿暑毒，遂成周身恶疮，步履维艰，血气虚耗，恳请开缺辞归调理。经提臣委验属实，饬取亲供验医各结，并原领札付，咨请核办前来。臣伏查该游击何泽年衰有疾，既不敢赴滇考验，经臣连次催调，始据禀请辞归。且查滇黔两省上年奉旨查阅营伍，因楚粤军务未竣，各营弁兵尚多奉调堵剿，是以查阅有稽，按以定例，原不准该将弁等告病辞休，致滋取巧之习。应请旨将黔西营游击何泽照例勒令休致，以肃戎行而杜规避。所遗员缺系部推之缺，应由部办理。其游击事务业经委员接署，以专职守。除札结另行缴部外，臣谨会同贵州巡抚臣蒋霨远、贵州提督臣赵万春合词恭折具奏，伏祈皇上圣鉴训示。谨奏。

朱批：何泽着勒令休致。该部知道。

奏为接准湖南巡抚骆秉章咨停调滇兵赴楚事

咸丰四年五月二十二日

再，臣前准贵州抚臣蒋霨远咨，由臣添派滇省兵一千名赴楚调遣。臣以楚省需兵甚急，当经酌量，凑调昭通等镇协营共兵一千名，饬委署镇雄营参将庆勋、署威远营参将鄂勒霍巴统带驰往，业经恭折由驿具奏在案。兹接准湖南抚臣骆秉章咨，南省逆匪被剿下窜，前准转咨云南调楚兵一千名，程途太远，亟应截止，以节縻费。如已起程，亦即饬沿途截止回营。等因。臣当即飞饬派兵各营，将所调之兵即行停止前往。并传知经过沿途州县，将业已起程官兵立即截回，归伍差操，以节縻费。所有准咨停止滇兵赴楚缘由，臣谨会同云南巡抚臣吴振棫合词附片具奏，伏祈皇上圣鉴。谨奏。

朱批：知道了。

奏为滇省三次捐输东川军饷请奖叙事

咸丰四年五月二十八日

云贵总督革职留任臣罗绕典、云南巡抚革职留任臣吴振棫跪奏：为滇省三次捐输东川军饷，恭折奏恳天恩奖叙，仰祈圣鉴事。窃照滇省上年剿办东川回匪各项经费，奏明由本省劝捐弥补。前经两次捐获银九万九十余两，业将各捐生姓名、银数先行汇单具奏在案。兹据贡生明映浩等捐输官职等项，共呈交银三万五千一百八十两，已解交司库兑收，查各捐生等谊笃乡间，情殷报效，洵属奋勉急公，自应请照筹饷事例及现行常例，分别拟请议叙，其银数较少不及议叙者，由地方官给予花红、匾额，以昭激劝。等情。由司道等开单会详请奏前来。臣等覆查无异，谨合词缮折具奏，并开列各捐生姓名、银数清单恭呈御览，伏乞皇上圣鉴，敕部核覆施行。再，各属现仍实力劝捐情形，尚为踊跃，俟捐项解交司库，集有成数，再行汇办。所有此次捐输银两，应请即照前奏，拨还东川军需借动盐课正款，合并陈明。谨奏。

朱批：户部核议具奏。单并发。

奏请拨丙辰年协滇铜本银两事

咸丰四年五月二十八日

云贵总督革职留任臣罗绕典、云南巡抚革职留任臣吴振棫跪奏：为循例请拨丙辰年协滇铜本银两，仰祈圣鉴事。窃查滇省每年办运京铜，应需铜本银两，向系查明实存铜息若干除留备公用外，如有余剩，俱行拨用，其不敷银两，在于各省拨解。因丙年之铜必须乙年采办，是以丙年办铜工本，滇省于甲年具题，部中即行核拨，于乙年夏季到滇，俾得即时应用。嗣因题拨解纳辗转稽迟，以致滇省无项支发。经户部议奏，每年额拨铜本银两题早数月拨给，俾得借以周转。钦奉谕旨："着照所议。嗣后滇省请拨铜本，着一并改题为奏，以归简捷。等因。钦此。"钦遵在案。除乙卯年应需铜本银两业经奏拨，奉准部覆，在于江西、浙江二省协拨，现在均未解滇，俟将来兑收清楚照例汇题外，今本年岁次甲寅，应将丙辰年应需铜本银一百万两预行请拨。据藩司史致蓄查明，司库截至咸丰四年二月到部估饷册内，实在项下共应存银九十六万六千九百一十一两五钱七分一厘内，采买川铜借用银二十九万九千余两，历任借动未归银五十五万三千五百余两，又奏平借动银一万一千五百余两，均仍请照数留存。其余银一十万二千九百余两，查滇省经费，应请留存银二十万余两。今前项实存银，内除借垫各厂工本、运脚并奏平借放外，只余存银一十万二千九百余两，尚不敷经费银九万七千一百余两。俟续收有银，以备留存经费之用。又，司库收支铜息银两截至咸丰四年三月底，止存库银六十八两四钱六厘。又，应收咸丰二年铜厂奏销册造收获汤丹等厂办获铜斤拟获余息，应拨归司库铜息项下，除已动拨外，计只存银一万六千四百八十八两三钱七分九厘。二共银一万六千五百五十六两七钱八分五厘，只敷支放年例各款。将应需丙辰年铜本银一百万两详请奏拨前来。臣等查丙辰年所需铜本银一百万两，内除该年应解户、工二部饭食银六万四千四百五十五两二钱，又加运两起带解加办铜斤应解户部饭食银二千三百一两八钱四分四厘，又该年应解通州坐粮厅库车脚吊载银四千九百七十两一钱八分，带解加办铜斤应解通州车脚银一百七十九两九钱八分四厘，请于直隶藩库内照数动拨，就近分别解交部库，并坐粮厅收存应用。又，该年正加六起运员，增给天津剥费银二千三百两，应照年额之例，在于直隶藩库内动拨，解交天津道库按运转发。又，酌给乙卯年正加六起应领帮费银六千九百两，亦请在于直隶藩库内照数动拨，解往坐粮厅库收存。俟乙卯年正加六起运员到彼，照数发给承领应用。又应解湖北武昌司库水脚银七千八百二十五两五钱，又应解江南仪征县库水脚银一万二千一百五十四两五钱，奉准户部咨，湖北省奏请截留辛亥年正运四起京铜以资鼓铸咨滇，将该委员刘沛霖未领湖北，两江，直隶天津、通州等处帮费、水脚、剥费等项银两核明数目，即于下届奏拨铜本案内照数扣除报部。等因。查辛亥年正运四起未领水脚、剥费、帮费等项银八千六百六十两，前经计入辛亥壬子年铜本银内，扣除拨解楚、江、直隶等省存俟支领。今该起京铜只运至湖北汉口交卸，其未领前项水脚银两，遵奉在于丙辰年铜本银内，计除提归滇省铜本项下支销。又，酌给乙卯年正加六起新增经费应拨入丙辰年铜本项下银一万三千两内，奉准户部咨，滇省盐课溢余项下，每年加贴正加六起运员经费银五千四百两，每百两扣减平银六两，年共减平银三百二十四两，由滇汇拨之项，应于前款银内计除。实应计入丙辰年铜本项下银一万二千六百七十六两。又，先后奉准工部及钱法堂咨，自道光庚戌年正运二起王日省起，至咸丰辛亥年正运一起施钟止，计五运铁砂、铜斤共需火工银一万六千五百二十四两一钱四分五厘零，又搭盖炉房以及该班饭食等银一千二百九十两九钱四分八厘零，又改煎郑训逵等铁砂低铜，动用黑铅价银九百九十一两五钱七分五厘咨滇，在于下年奏拨铜本银内扣除，由直隶省就近拨解归款。等因。今应遵奉于奏拨丙辰年铜本银内声请扣除。又，滇省清查案内，扣获各厂店咸丰二年分摊赔无着铜价银九千五百六十四两五钱一分九厘。此项银两原应发厂办铜，因恐厂员办理不善，辗转延欠，致成无着。咨部覆准留滇，作为铜本抵正支用。今应遵奉扣除以上通共除银一十四万二千一百三十四两三钱九分六厘零，实应拨解滇省银八十五万七千八百六十五两六钱三厘零。应即照例奏明请旨，敕部照数动拨，以资采办。其各项动用细数，统于铜务并运铜案内按年核实造册报销。所有循例请拨丙辰年铜本银两缘由，谨合词恭折具奏，伏乞皇上圣鉴。谨奏。

朱批：户部议奏。

奏为黔省裁汰兵数难以依限请展限事

咸丰四年六月二十四日

云贵总督革职留任臣罗绕典跪奏：为黔省裁汰兵数因兵多调派出师，且现值下游添防紧要，一时难以依限裁竣，恭折奏恳天恩暂行展限，仰祈圣鉴事。窃臣接准贵州抚臣蒋霨远函称，贼匪于五月十五日围攻常德，随于十八日蹂躏桃源。黔省下游之镇远、思州一带均形吃重，自宜及早设防。现在独山稍靖，已将下游一路之兵撤回本境防守。并准移称，前次会奏裁汰黔省兵数，现据各营纷纷具禀，以各该营兵丁先后出师在外者不少，现除安塘驻防外，存营无几。一切差遣派拨，已形拮据，若再依限裁竣，势必更加掣肘。等情。与臣函商，奏请展限前来。复据遵义、黔西等协营具禀，情形相同。臣查前准军机大臣字寄，钦奉上谕："据户部奏，请复绿营兵制旧额，以节糜费，着各直省督抚提镇查明据实具奏。等因。钦此。"当即钦遵转行，查明各标镇协营兵制，酌量地方情形，按照浮额之数拟裁兵丁四千七百零一名，统限自本年春季起，至冬季止，一律裁竣，以免迟延。业经专折会奏，尚未奉到朱批。兹查黔省节次出师外省兵三千余名，近复调赴湖南援剿兵一千名，又因独山匪徒滋事，调派各营兵四千二百名。现在独山首逆杨元保虽已就擒，而余焰未尽，尚需兵力搜剿，以净根株，一时未能全撤，且值贼匪由常郡上窜，不能不拨兵防堵，以期有备无患。是各营兵丁现多出师在外，势难依限裁竣，诚属实在情形，合无仰恳天恩，准暂行展限，一俟出师兵丁凯撤旋营，再为一律裁竣。其原未调派出师营分，仍令依限裁竣，以节糜费。是否有当，谨会同贵州巡抚臣蒋霨远、贵州提督臣赵万春合词恭折具奏，伏乞皇上圣鉴训示。谨奏。

朱批：所奏当系实情，着照所请，分别办理。该部知道。

奏为云贵两省应行引见之将备员弁恳准展限送部事

咸丰四年六月二十四日

云贵总督革职留任臣罗绕典跪奏：为云贵两省应行引见之将备员弁现因出师出防，亟应需员调遣，恭折奏恳天恩俯准展限送部，仰祈圣鉴事。窃照滇黔各标镇协营由军营升补之副将、参将、游击、都司、守备及各员弁，又本省请升豫保俸满保荐各员，滇省积有三十余员，黔省十余员，除在军营之员应于凯撤后赴部，其在营应行送部各项人员，本应出具考语，随案给咨送部，以符定例。溯至粤西逆匪滋蔓，各省军兴以来，奉调带兵出师员弁多在军营未回，兼之本年春夏滇黔与粤西交界地方土匪滋事，两省均经调派官兵防剿。其出师出防各员所遗之缺，均系辗转调署，或饬令就近兼署，或以小护大，以大兼小，甚有一人而兼办两缺者。现值湖南常德以上贼匪滋事，黔省下游急欲添防，滇省广南仍须留兵堵御，需员调遣。所有滇黔两省应行引见各员，一时骤难给咨送部。臣与抚臣、提臣函商，与其赶赴例限而有误边防，不若稍缓入都而徐图更替，酌量事势，意见相同。应奏恳天恩，俯准展限。俟边务渐归平靖，各员凯撤回营，再行分别陆续给咨送部引见，庶于边防、营伍两有裨益。臣谨会同云南巡抚臣吴振棫、贵州巡抚臣蒋霨远、云南提督臣荣玉材、贵州提督臣赵万春合词恭折具奏，伏祈皇上圣鉴训示。谨奏。

朱批：着照所请行。兵部知道。

奏报云南上年冬季本年春季摊扣米谷价银数目事

咸丰四年六月二十八日

云贵总督革职留任臣罗绕典、云南巡抚革职留任臣吴振棫跪奏：为摊补清查案内米谷价银数目，遵照部议半年一奏，仰祈圣鉴事。窃查滇省清查案内，各府厅州县短缺交抵米谷共合银一十九万三千八百七十八两零，奏明于各本缺自道光二十九年冬季起，分限八年摊补，并请将嘉庆五年暨十四年两次清查咨追未完米谷价银一十二万三千九百八十两零，在于督抚司道府厅州县提举每年应支养廉银内，酌提一成弥补。经部覆准在案。嗣准户部咨，各省清查章程应行扣补追赔各项，自道光三十年为始，半年一奏，声明弥补若干，追赔若干，由户部按册稽查，随时拨用。等因。查自道光二十九年冬季起，至咸丰三年秋季止，摊解银数业经八次奏报在案。兹据司道将咸丰三年冬季及四年春季扣获银数会详前来。臣等覆查前项，应摊米谷价银一十九万三千八百七十八两零，计以摊存属库，应行提解银三万四十五两零。除前据买补报收米谷荞一万二千五百九十九石零，合计价银一万八十七两零。又除提存粮库银一万七千五百七十二两零内，据各属领买米谷四千六百九十六石零，合计价银三千一百九十两零。又拨归司库抵补铜本滇饷银一万四千三百八十二两零，尚存府库银二千三百八十四两零。内除龙陵厅领买报收米二千二百五十七石零，该银价二千二百五十七两，仍存府库银一百二十七两零，尚有归各本缺分摊银一十六万三千八百三十二两零。内自道光二十九年冬季起，至咸丰三年秋季止，已摊银八万四千二百八十四两零。除据各属领买米谷、青稞一万四千九百二十六石零，合价银七千九百九十五两零。又除拨归司库抵补铜本滇饷银五万六千四百一两零，尚存粮库银一万九千八百八十七两零。今咸丰三年冬季及四年春季应摊银九千九百四十三两零，已据如数摊解。二共合计现存粮库银二万九千八百三十两零，计未摊银六万九千六百五两零，仍陆续照案摊解。至提廉弥补以前，咨追未完米谷价银一十二万三千九百八十两零，自道光二十九年冬季起，至咸丰三年秋季止，已摊银六万五千四百七十五两零。今咸丰三年冬季、四年春季应于实支四成养廉银内提扣一成银三千二百八十一两零，亦据如数扣收。共已完银六万八千七百五十七两零。内除宜良县领回买补谷价银四百二十四两零，又除拨补归司库抵补铜本银五万五百四十五两零，余银一万七千七百八十八两零，收存粮库，尚未完银五万五千二百二十三两零，仍饬令按季提扣。除将摊扣细数清册咨部核查外，所有咸丰三年冬季、四年春季摊扣过米谷价银数目，谨合词恭折具奏，伏乞皇上圣鉴训示。谨奏。

朱批：户部知道。

奏为原参署理元江直隶州知州李恒谦等员疏防抢案现已拿获赃贼请开复处分事

咸丰四年六月二十八日

云贵总督革职留任臣罗绕典、云南巡抚革职留任臣吴振棫跪奏：为原参疏防抢案之该管文武弁员现在赃贼已获，吁恳天恩赏准开复顶戴，以昭激劝，恭折奏祈圣鉴事。窃照署元江直隶州知州李恒谦、元新营分防因远汛外委王占甲、署元新营左军千总事元新营把总普致和，前因疏防客民刘藜书、吕汝鸿等在途被抢银物，并被拒伤脚夫赃贼未能速获，经臣等奏参，于本年三月十五日，亲奉谕旨将该员弁等摘去顶戴，撤任勒限留缉在案。旋于限内据该员弁等悬赏购线，拿获首、伙贼犯十四名。兹据审拟，由司覆核详咨，并请开复顶戴前来。除照例核议咨部外，查此案首、伙各犯共十七名，该署州李恒谦、外委王占甲、把总普致和于被参之后业已拿获十四名，系获犯过半，兼获盗首，尚知愧奋。可否将原参摘顶留缉之案赏准开复予以自新之处，出自皇上天恩，未获逸犯仍饬认真侦缉，务获另结。是否有当，谨恭折具奏，伏乞皇上圣鉴训示。谨奏。

朱批：李恒谦等均着给还顶戴。

奏为委任吴铣署理澂江府知府事

咸丰四年六月二十八日

再，署澂江府事俸满知府李熙龄现在另有差委，所遗澂江府知府员缺，应即委署。查有请补是缺之武定直隶州知州吴铣，任内并无盗劫三参已满将届四参及正项钱粮未完之案，堪以饬令先行署理。据藩臬两司会详前来。除檄饬遵照外，理合附片陈明。谨奏。

朱批：知道了。

奏报滇省试行官票及当十大钱并各府铸钱情形事

咸丰四年七月二十八日

云贵总督革职留任臣罗绕典、云南巡抚革职留任臣吴振棫跪奏：为部颁官票及省局铸出当十大钱，现在行使流通，并各府添炉加铸，已有成局，恭折覆奏，仰祈圣鉴事。窃臣等于七月初三日接准户部咨称，本部具奏严催各省速立官钱局并开炉铸钱一折，钦奉上谕："着各省督抚等查照户部原奏，督饬所属酌量地方情形，设立官钱局，并设法筹款开炉加铸，俾钱法与钞法相辅而行，一面妥议章程，奏明办理，将此通谕知之。钦此。"等因。当即钦遵转行去后，臣等查此，案前准部咨，奏奉谕旨推行官票，加铸钱文，先经严饬省、东二局添炉加铸，并令大理、曲靖、临安三府及宁台厂员筹款设局，一体添铸，搭放兵饷厂本等项，约计四路标营赴省请饷时，皆可顺道领钱，不至窒碍。旋奉户部领发当十、当五十钱样，及官票十万两到滇，遵将钱样发局鼓铸，一面在省城适中之地设立官钱局，派委因公在省之迤南道桑春荣督同云南府胡文柏专司经理在案。兹据藩司史致蓄、臬司清盛暨道府等详称：省城搭放当十大钱及奉发官票，皆自本年夏季为始，饬令官民通行。惟滇省放款多于收款，现将司库一切放银之款，暂以二成官票搭出，收款暂以一成搭入，其放钱之款暂以制钱八成大钱二成分配支发，民间亦以二八搭用，得官票者准赴官钱局照市价支取，按成分搭钱文。民间携银赴管局买大钱者，亦照市价兑付。试行以后，体察省会情形，尚无阻挠。嗣复示谕绅民人等，凡买卖交易制钱及当十大钱，准其各半间用。近日以来，行使渐觉通畅。俟行之既久，通判计算放银款内，或再多搭票银放钱款内，或再增搭大钱，另行酌办。其俸工役食及一切杂款可以改放钱文者，现已一律放钱，以节银款。至各府设局铸钱，事属创始，凡建设炉座，采运铜铅，皆非朝夕所能骤办。其谙练匠役，省、东二局各只数名，必须轮流派往指点学习。又一切事宜由各该员往返禀商，距省远者二十余站，或十余站，有稽时日。是以目前虽经开铸，大局甫定，尚未能一律供支，惟附近省、东二局之各营兵饷，现以二成搭放。至易门、路南、东川、宁台、平彝、会泽各厂，铜、铅本、脚以六成搭放，每银一两照市价给钱一千八百文，合算铸本尚无大亏。至于所属地方分设官钱局一节，滇中跬步皆山，居民星散，除省城而外，别无商贾辏集之区，难以择地分设，拟俟大理等局铸钱足敷支放，即令各局员兼理收票发钱之事，以归简易。其营分距局太远者，陆路运脚甚重，营员赔累为难，或减搭免搭，分别程站之多寡，酌定办理。又钱票一项与现钱相辅而行，实为周转良法，已由省城官局制造配搭试用，其当五十以上各项大钱，应俟酌量情形，再行加铸。缘边境汉少夷多，愚民狃于积习，若行之太骤，转有阻格之虞。现在官票及当十大钱，省城既已通行，将来由近及远，由少至多，务使乡曲小民，人皆称便，自可流行无滞。再，省局甫经加铸，仅供官钱局开发票取之需，其近省各营各厂搭放成钱，暂行筹款易钱支发，合之现时市价，有赢无绌。裁出盈余个头另款存储备用，俟加铸之钱充裕，再归钱局支领，合并陈明。臣等覆查，所议核与现在情形相符，惟有督饬所属，认真经理，于变通酌度之中，仍寓核实撙节之意，断不敢以事绪纷杂，心存畏难。除俟布置周妥，再将一切章程分别奏咨外，所有现在试行官票及当十大钱俱各通畅，并各府铸钱已有成局缘由，先行合词恭折奏闻，伏乞皇上圣鉴。谨奏。

朱批：户部知道。

奏为审明署理大关同知杨为翰署理嵫峨县知县杨文熙亏短仓库银两案定拟事

咸丰四年七月二十八日

云贵总督革职留任臣罗绕典、云南巡抚革职留任臣吴振棫跪奏：为审明定拟，恭折覆奏，仰祈圣鉴事。窃照署大关同知杨为翰、署嵫峨县知县杨文熙各亏短仓库银两一案，前经臣吴振棫会同前督臣吴文镕奏参，奉朱批："知道了。钦此。"当经委员云南府知府胡文柏等查抄估变，并查提经手丁役人等审办去后，旋据杨为翰家属专人回籍变获房产银三千四百九两来滇，全数移交清款，并抄获杨文熙寓所什物估变批解。兹据审明，由藩、臬两司及该管道覆审定拟具详前来。臣等亲提家丁、书斗人等研讯，缘杨为翰籍隶四川江津县，捐纳盐提举，分发来滇试用，委署大关同知。任内因城垣衙署多有倾圮，将接受前任移交未买米价并征获米折、税契等银三千四百九两挪移垫修，旋即出缺，以致亏短。杨文熙籍隶广东，由进士以知县即用，分发云南。于委署嵫峨县任内，接收前任移交盘折霉变谷价银二千一百四十两零，照例价每石五钱，合抵谷四千二百八十石零，存俟秋成后买补还仓。因是年夏间雨多水涨，犹练二江堤埂冲塌，损坏田庐不能不即时兴修，又因无款可筹，随将前项银两暂时挪用，嗣即因病出缺，无力筹补归款。经接署大关同知韩捧日、嵫峨县知县陈栋并监盘各委员查明，由府道司详揭奏参。兹据审明，由道司覆审议拟具详前来。臣等亲提研鞫，各供前情如绘，究系因公挪移，诘无侵蚀，该厅县经手丁役人等亦无乘间舞弊情事，似无遁饰。此案已故署大关同知杨为翰因公挪移米价各款银三千四百九两，于被参后经该家属专人回籍变产来滇，于限内全数完缴清款，应请照例免罪。已故署嵋峨县知县杨文熙因公挪移谷价银二千一百四十两零，自应照例问拟。杨文熙应如该道司及委员等所拟，合依挪移库银五千两以下，拟杂犯流总徒四年。业已病故，应毋庸议。亏短银两，除将任所及原籍查封产业、衣物备抵外，下余之项移咨原籍，于该故员杨文熙之子名下勒追完款。家丁熊升、郑超、书斗李耀、郑升、吴闾、朱维轩，讯无乘间舞弊情事，均请免议，无干省释。除供招咨部外，所有审明定拟缘由，臣等谨合词恭折具奏，伏乞皇上圣鉴，敕部核覆施行。谨奏。

朱批：刑部知道。

奏为新授贵州古州镇总兵桂林暂缓赴京陛见事

咸丰四年七月二十八日

云贵总督革职留任臣罗绕典跪奏：为升任总兵应行陛见，现因防堵紧要，恭折奏恳天恩，俯准暂缓进京，先令赴任以裨地方，仰祈圣鉴事。窃照新授贵州古州镇总兵、现署云南普洱镇总兵桂林奏请陛见，钦奉朱批："着来见。钦此。"钦遵禀报到臣。当经臣以一时委署乏员，拟令暂缓交卸，恭折具奏在案。适因广南府属边界粤匪分窜，经臣调派各营官兵前往分扼堵剿，并派令该镇桂林驰往广南会筹办理。兹匪徒被剿远遁，现拟酌量撤留官兵防守，以节糜费。该镇桂林应即遵旨进京。惟查黔省古州所属之独山、荔波等处，界连粤西，近因粤匪分股窜扰边界，均经派兵防剿，且湖南贼匪未靖，该镇所辖之黎平一带与楚毗连，防堵均关紧要。臣拟令桂林暂缓北上，饬令先赴古州镇总兵本任，以资筹办防堵，其原署总兵之台拱营参将彭长春，饬委署理都匀协副将事务，仍令就近办理独山、荔波等处防堵各事宜，并檄令现署贵州平远协副将之新授云南普洱镇总兵文英作速来滇赴任，以重职守。合无仰恳天恩，俯准总兵桂林暂缓陛见，先令赴任，俟防堵事竣，即令该镇交卸入觐，庶于边防、营伍两有裨益。除移行遵照外，理合恭折具奏，伏祈皇上圣鉴训示。谨奏。

朱批：桂林着不必来见，仍俟历任三年，再行奏请。

奏请仍留色克精阿暂署镇远镇篆务金刚保调署安义镇篆务明德署理平远协副将印务事

咸丰四年七月二十八日

再，现署镇远镇篆务之色克精阿，前蒙恩升授广西左江镇总兵，经臣等奏奉谕旨，暂留署任。俟接替有人，再行交卸赴任。兹准贵州抚臣蒋霨远函称：新任镇远镇总兵金刚保业已到黔，自应饬令色克精阿交卸赴任。惟现在镇远下游一带正当防堵吃紧之际，该总兵金刚保初抵黔省，恐未能深悉苗疆情形。与臣酌商前来。臣查该总兵色克精阿留署镇远镇以来，办理防堵一切事宜，深有条理，似遽易生手，筹虑尚恐未周。合无仰恳天恩，俯准仍留该总兵在黔暂署镇远镇篆务，于防堵实有裨益。复查黔省上游之安义镇总兵饶廷选尚未到任，曾经奏明以都匀协副将明德署理。今新任镇远总兵金刚保既已到黔，应请即以之调署安义镇篆务，可期得力。其卸署安义镇之都匀协副将明德即委令署理平远协副将印务。臣为防堵紧要起见，除分别檄饬遵照外，理合会同贵州巡抚臣蒋霨远合词恭折附片具奏，伏乞皇上圣鉴。谨奏。

朱批：另有旨。

奏请将孝顺暂留滇省署理昭通镇总兵印务事

咸丰四年八月十八日

　　云贵总督革职留任臣罗绕典跪奏：为新升总兵应行赴任，因委署乏员，恳恩准令暂缓交卸，以裨地方，恭折奏祈圣鉴事。窃臣接准兵部咨，钦奉上谕："罗绕典奏请留署任总兵暂缓交卸一折，署云南开化镇总兵丰伸着准其留于署任，暂缓送部引见，孝顺已补授陕西汉中镇总兵，着即饬该员驰赴新任。所有昭通镇总兵员缺，着该督另行派员署理。等因。钦此。"钦遵移行到臣，自应遵旨拣员接署昭通镇篆，以便孝顺交卸起程，驰赴汉中镇总兵新任。惟查滇省额设副将六员，除孝顺已升外，有尚未到滇者二员，现署总兵者二员，至甫经题升维西协副将之署广南营参将明庆，又因护腾越镇总兵倭什浑泰告病请休，臣现经奏委该员前往腾越接护镇篆，此外实无可委之员。其参游等将，非委署要缺，即带兵出师，一时实在乏员接署。且昭通地方界连川黔，一切巡防，均关紧要，而东川回匪滋事，甫经戡定，善后事宜，尤当熟筹妥办，必得声望素优之员，庶地方营伍，均可借资整饬。臣查该总兵孝顺自委署昭通镇篆以来，办理一切事件，诸臻妥协，合无仰恳天恩，俯准孝顺暂缓留滇署理昭通镇总兵印务，俟接署有人，即行饬令该员驰赴汉中镇总兵新任，以重职守。臣为地方紧要，一时委署乏员起见，是否有当，理合恭折具奏，伏祈皇上圣鉴训示。谨奏。

　　朱批：另有旨。

奏为安顺城守营守备胡万春患病不愈
请旨勒休所遗员缺请饬部另行推补事

咸丰四年八月十八日

210

云贵总督革职留任臣罗绕典跪奏：为推升都司久病不愈，请旨勒休，以肃营伍，仰祈圣鉴事。据署贵州布政使孔庆镠详，据安顺城守营守备胡万春禀称，窃守备奉部推升陕西延绥营都司，业蒙考验，给咨赴部引见。行至毕节县地方，因染患寒热病症，回家医治，久未痊愈，恐违例限，合将原领咨批札付呈请转缴。等情。臣查验守备胡万春奉部推升陕西延绥营都司案内，经臣业于上年十月内考验，给咨送部。迄今日久，因病尚未起程，其中有无托病借延情弊，当即移行饬查去后，兹准贵州提督臣赵万春委员前往查验，该守备实属久病难痊，未便姑容，致滋旷误，应请勒休。等因。移咨前来。臣覆查无异。相应请旨将推升陕西延绥营都司之贵州安顺城守营守备胡万春勒令休致，以肃营伍。所遗陕西延绥营都司并贵州安顺城守营守备各缺，仰恳圣恩，敕部另行推补。除将缴到咨批查销、札付送部外，臣谨会同贵州巡抚臣蒋霨远、贵州提督臣赵万春合词恭折具奏，伏祈皇上圣鉴训示。谨奏。

朱批：胡万春依拟勒令休致。该部知道。

奏为现护云南腾越镇总兵倭什浑泰患病请休致事

咸丰四年八月十八日

云贵总督革职留任臣罗绕典跪奏：为副将患病难痊恳请休致，

委验属实，恭折奏闻，仰祈圣鉴事。窃臣接据现护云南腾越镇总兵之准升贵州大定协副将倭什浑泰禀称：窃职现年五十一岁，系正黄旗博沽佐领下人，由鸟枪护军补放二等侍卫，选补云南鹤丽镇标中军游击，历升今职，正冀竭尽驽骀，力图报效，奈因从前出师云缅，染受风寒，侵入头脑，时形痛楚。彼时气血强壮，尚可医痊，无如本年自入秋以来，旧疾复发，虽多方医治，竟未痊愈，加以手足麻木，动履维艰，势难就痊，不敢恋栈，恳请开缺回旗调理。等情。到臣。查腾越地方界连外域，一切巡防均关紧要，当即饬委现署腾越厅同知孔昭纷看验属实，并无虚捏情弊。惟查滇省自咸丰二年奉旨巡阅营伍，因连年粤楚军务未竣，将弁多未归伍，是以尚未查阅。所有该员因病恳请开缺之处，自应改为勒令休致，以符定例而肃营伍。除委员接署，并饬取札付送部外，臣谨会同云南巡抚臣吴振棫、云南提督臣荣玉材合词恭折奏闻，伏祈皇上圣鉴训示。谨奏。

朱批：兵部议奏。

奏为委任明庆署理云南腾越镇总兵
印务张奘署理广南营参将印务事

咸丰四年八月十八日

再，查现护云南腾越镇总兵倭什浑泰因病奏请勒休，应即委员接署。臣查有甫经题升维西协副将之现署广南营参将明庆，营务谙练，遇事勇往，堪以委往护理。其明庆所遗署广南营参将事务，查有现署景蒙营游击之提标左营游击张奘，年富技优，办事勤慎，堪以委往署理。除檄饬遵照外，所有委护镇将篆务缘由，理合附片具奏，伏祈圣鉴训示。谨奏。

朱批：知道了。

奏为办理复调滇兵赴黔遵义等地堵剿事

咸丰四年九月十二日

云贵总督革职留任臣罗绕典跪奏：为黔省剿办逆匪，叠次征调大兵，现将到齐，兹复由滇调兵协饷，俟得续报，臣即亲往督剿，恭折奏闻，仰祈圣鉴事。前据报桐梓、怀仁二县八月初六及十九日有奸民杨瀶、陈起秀父子聚众倡乱，节经调兵七千六百余名前往堵剿。随以防堵地面纷歧，复调滇兵二千名，借拨滇饷二十万，已由贵州抚臣蒋霨远会同贵州提臣赵万春具奏矣。臣即于附近黔省之镇雄、东川、寻沾、曲寻、楚雄各协营共调兵八百名，派委署楚雄协副将白人鹏以为总统，复委滇盐道王成璐恭赍令箭，督兵驰赴遵义，相机剿办。惟查遵义桐梓、仁怀距滇省会垣皆二十七站有奇，文报往来，势难骤达，必应急往督催。臣又预派兵一千二百名为后队，以备亲往督剿。惟军情旦夕不同，而远道兵多，易糜饷项，未敢故为持重，亦不敢过示张皇，兼以滇省东川、广南甫经绥靖，人心尤易动摇，不得不示以镇定，且黔省前调之兵尚未到齐，而如遵义之干田坝、螺蛳堰、丰乐桥之战皆各斩获贼匪百余名，夺械搴旗，连获小胜，若大兵齐集，可望克日歼除，自不得不俟续报到时始行前往。其川省之合江、綦江、南川三县，均与仁怀、桐梓接界切近，已经飞咨四川总督就近发兵，以剿为堵，更易荡平。所有臣发兵往黔剿办缘由，谨缮折由驿具奏，伏乞皇上圣鉴训示。谨奏。

朱批：另有旨。

奏为筹拨滇省道库存银委员解黔以资急用事

咸丰四年九月十二日

云贵总督革职留任臣罗绕典、云南巡抚革职留任臣吴振棫跪奏：为协拨滇省道库存银委员解黔以供急需，恭折驰奏仰祈圣鉴事。窃臣等现准贵州抚臣蒋霨远移咨：桐梓、仁怀逆匪猖獗，兵力不敷堵剿，奏调云南精兵二千名，并筹拨滇省饷银二十万两，迅速委员解黔，以济军需，业经会同贵州提臣赵万春奏拨在案。臣等当与司道细商据禀：滇省兵饷，铜本全赖各省协拨济用。近因浙粤等省积欠未解银二百余万两之多，又添入东川、广南两次军需用款，已将本省各项通挪垫放，即捐输项内亦系随捐随用，现在实存项下共止存银三十万有奇。转瞬应放本年冬季及预放来岁春季兵饷，并铜本、运脚约计需银六十余万两。本省杂支各款约计十余万两，皆年内必须动用之款，即以本年应入之钱粮盐课二十余万，悬数计抵，不敷尚多，不能不另筹二十万之数拨解黔省。惟查粮库存有税秋米折、清查米谷价、河工改折坐平等款银七万二千有奇，尚可勉为通融借拨。除将应调官兵例支行装、盐菜等项于此款内筹发外，余银即行悉数委解。臣等当经札饬藩司迅即委员解赴黔省，以资支用。所有臣等会商动拨滇省道库银两委员解黔缘由，理合恭折附驿奏闻，伏乞皇上圣鉴训示。谨奏。

朱批：*知道了。户部知道。*

奏为黔省库款支绌筹款无策请饬催川省迅速委解应解协饷事

咸丰四年九月十二日

云贵总督革职留任臣罗绕典跪奏：为黔省库款支绌，现值剿匪用兵，筹饷无策，其邻省应解协饷，惟川省尤为切近，请旨饬催迅速委解以济急需，仰祈圣鉴事。窃查黔省年征地丁税课无多，岁需兵饷等项，全赖各省协济。近因各省协拨不到，库款空虚，兼值桐梓、仁怀二县逆匪滋事，前后调派各营弁兵经费甚巨，更难支持。臣等伏查黔省咸丰四年分兵饷奉部指拨川省银数，尚未解银一十四万五千六百零，又上年奏拨川省协饷尚未解银二万七千两。又，本年六月准军机大臣字寄，钦奉上谕："户部奏各省协济滇、黔款项不能如期解往，并着照该部所奏，贵州则咨商四川，云南则咨商广东，于应拨协饷之外，复在空白部照捐输项下各通融筹拨银十万两，先行接济，仍于各省协拨银内划扣归款。等因。钦此。"当经恭录上谕，咨商四川督臣在案。切念圣谕谆谆，原以滇、黔地居边要，即当无事之时，尚赖邻省通融接济，始敷支用。今值剿匪用兵，经费无出，势难久延。臣已飞咨四川督臣，饬司筹拨，迅速解黔，以济要需。合无仰恳天恩，俯念军务紧要，远省难应急需，饬下四川总督，将应解黔省之银共二十七万二千六百零迅速委解，即令地丁尚未收齐，亦可筹款解黔，以免悬兵待饷，致滋贻误。至各省应解黔省协饷，尚有江西省二十五万两，并豫拨银三十万两，又广东省十万两、粤海关五万两，又山东省八万两，丝毫均未解到，应请旨一并饬催，俾得源源接济。理合会同贵州巡抚臣蒋霨远由驿恭折具奏，伏乞皇上圣鉴训示。谨奏。

朱批：另有旨。

奏报委员暂行兼署云南盐道篆务事

咸丰四年九月二十八日

云贵总督革职留任臣罗绕典、云南巡抚革职留任臣吴振棫跪奏：为委员暂行兼署盐道篆务，恭折奏祈圣鉴事。窃前因贵州桐梓、仁怀等县匪徒滋事，经臣罗绕典奏明，檄委云南盐法道王成璐前往协办堵剿在案。查云南盐务近年本极疲滞，商力亦堪拮据，必须竭力催课，严督缉私，并须随时体察商情，设法调剂，方能勉力赶副下半年奏销，不致堕误。兼之滇境处处产盐，无业游民纠众偷开私井之事，不一而足，非查拿解散，妥为办理，不但侵占销路，并恐别滋事端。是以盐道一缺，甚为紧要。现在王成璐已委赴黔省军营，自应委员接署，以专责成。查有委管官钱局之迤南道桑春荣，现在省垣。该员才练心细，办事认真，前曾署理盐道篆务，盐务极为熟悉，堪以委令暂行兼署。除檄饬遵照外，理合恭折具奏，伏乞皇上圣鉴。谨奏。

朱批：*知道了。*

奏为保举署理云龙州事盛熙瑞等员缉捕勤能拿获邻境案犯请送部引见事

咸丰四年十月十九日

云贵总督革职留任臣罗绕典、云南巡抚革职留任臣吴振棫跪奏：为获盗各员恭折具奏请旨俯准送部引见，仰祈圣鉴事。窃照署云龙州事盐提举衔试用通判盛熙瑞首先拿获邻境永北厅盗犯林哈哈纠劫事主冉玉时家银物、捆殴事主平复案内，罪应斩决首盗林哈哈一名，斩决伙盗李子汶、李潮发、蒋狗儿三名，情有可原伙盗曾老五一名。又准补江川县知县吴荣昌前在署呈贡县任内首先拿获邻境河阳县盗犯李二纠劫事主刘奎相等家衣物案内，罪应斩决首盗李二一名，斩决伙盗李三、王金淋二名。又准补通海县知县谢德淳前在署河阳县任内首先拿获邻境路南州盗犯孙双溃等行劫得赃、拒伤事主罗俸诰等平复案内，罪应斩决首盗孙双溃一名，斩决伙盗邢小沅、张应受二名，格毙罪应斩决伙盗郑世成、谢小三二名。前经咨准吏部示，覆核与送部引见之例相符，行令遵照章程，专案保奏。兹据藩、臬两司查明：该员盛熙瑞人尚明练，吴荣昌办事认真，谢德淳才具明晰，俱属缉捕勤能，于任内并无承缉逃盗未获之案。该犯等俱非云龙、呈贡、河阳等州县民人，系属拿获邻境盗犯。遵照部咨，详请保奏前来。臣等覆查无异，相应循例具奏请旨，可否将盐提举衔试用通判盛熙瑞、准补江川县知县吴荣昌、准补通海县知县谢德淳送部引见，以昭激劝之处，臣等未敢擅便，谨恭折具奏，伏乞皇上圣鉴训示。谨奏。

朱批：吏部议奏。

奏为推升游击巴哈布请留滇遣用事

咸丰四年十月二十日

云贵总督革职留任臣罗绕典跪奏：为恳留熟习边地情形之营员以资遣用，恭折具奏，仰祈圣鉴事。窃臣接准兵部咨，云南开化镇标右营都司调补督标中营都司巴哈布，推升浙江枫岭营游击。该员引见已满三年，行令给咨赴部引见，后给与札付，令赴新任。

等因。当经饬调来辕请咨去后，兹据署云南开化镇总兵丰伸会同开化府知府李荣灿禀称：查开化地方东达交阯外域，北接广南边营，控驭抚绥，均关紧要。时因粤匪滋事，窜扰广南，所有沿边要隘，必须熟习边地情形之员豫为分派弁兵梭织巡缉，不致土匪窜越入境。查该署游击巴哈布自署事以来，正当越南土目黄金菊与内地民人争种地土之案，几酿边衅，该员巴哈布随即驰往弹压，秉公查办，诸臻妥协，土目人等素所畏服。嗣后，边地偶有争端，一经该署游击开导，无不遵依。且该员先将各处要隘边卡堵截周密，开化一带俾免窜越，实为边地得力可靠之员。可否奏留滇省补用，并恳仍留开化中营署事，以裨地方。等情。前来。臣查该都司巴哈布系镶黄旗满洲人，由三等侍卫拣发来滇，以都司委用。出师弥渡、永昌，节次打仗出力，经前督林则徐保奏，交部从优议叙，并尽先补用。嗣经补授开化镇标右营都司，调补今职。咸丰二年钦奉上谕，选取才技裕长、谋略兼优案内，又经前督臣吴文镕以该员有胆有识，事不避难，保列具奏在案。臣随考验得：巴哈布熟习边情，任事勇往，且该员到省，现闻有桐梓、仁怀逆匪猖獗，滋扰地方，当即面恳呈告，奋勇协同带兵。臣已饬令随同白人鹏管带兵丁驰往堵剿矣。查该员洵属游击都司中实在勇往得力之员，合无仰恳圣恩，俯准将推升游击巴哈布以升衔留于滇省。俟有相当游击缺出，另行补用，俾边营得资熟手，获收指臂之效，于边防、营伍实有裨益。如蒙俞允，所有浙江枫岭营游击员缺，应请敕部另行掣补。臣因边地防堵需员起见，与云南巡抚臣吴振棫、云南提督臣荣玉材会商，意见相同。是否有当，谨合词恭折具奏，伏祈皇上圣鉴训示。谨奏。

朱批：另有旨。

奏为云南广南营守备顾锦标年老体衰请旨勒休事

咸丰四年十月二十日

云贵总督革职留任臣罗绕典跪奏：为年力就衰患病难痊之守备请旨勒休，以肃营伍，仰祈圣鉴事。窃查广南地方界连粤西，时有土匪出没滋扰。现在驻兵严密防堵，该营备弁必须年力精壮之员，方足以资巡缉。今查有云南广南营中军守备顾锦标，年近六旬，体弱多病，臣因地方紧要，恐该员难胜其任，当经委员接署，饬调来省考验。乃该守备于到省后两次因病请假医治，迨至假期已满，病未痊愈，不便姑容，任其恋栈，致滋贻误。相应请旨将云南广南营守备顾锦标勒令休致，以肃戎行。除追取札付送部外，臣谨会同云南巡抚臣吴振棫、云南提督臣荣玉材合词恭折奏闻，伏祈皇上圣鉴训示。谨奏。

朱批：顾锦标着勒令休致。

奏为委任春庆署理姚州知州事

咸丰四年

再，署姚州事周守诚现有差委事件，该州汉回杂处，一切抚驭事宜，均关紧要。查有嵩明州知州春庆，老成详慎，任内并无三参已满将届四参处分，堪以调署。兹据藩臬两司会详前来。除札饬遵照，并将所遗嵩明州知州缺另行遴员接署外，谨附片陈明，伏乞圣鉴。谨奏。

朱批：知道了。

奏为黔省官民赴滇剿匪凯旋沿途
支过盐粮等银已由黔省归补事

咸丰朝

臣罗绕典跪奏：再，黔省提标及安义等镇协营兵丁二千九百一十五名，上年调赴滇省永昌军营协剿匪徒，在黔借支行装银两由员弁管带起程，并令沿途地方官催趱前进。节经抚臣乔用迁奏报在案。嗣官兵凯撤回营，除借支行装银五千八百三十两照例扣收还款外，其往回支给盐粮、米折、夫价等银五千八百七十六两零，应请于巡抚藩司应得养廉银内照数拨还，以清款项，无庸各属摊捐，并免造册报销。据署两司具详前来。所有赴滇凯旋官兵沿途支过盐粮等银，已由黔省归补缘由，理合附片陈明，伏乞圣鉴。谨奏。

朱批：该部知道。